RELEVER LES DÉFIS ÉLECTORAUX EN AFRIQUE

Points de vue
Collection dirigée par Denis Pryen
et
François Manga-Akoa

Déjà parus

Cyriaque Magloire MONGO DZON, *Nés après les indépendances*, 2009.

Viviane GNAKALE AGNERO, *Crise ivoirienne. Se projeter au-delà des présidentielles*, 2009.

Théodore OTTRO ABIE, *De l'union africaine à un Etat fédéral africain*, 2009.

Etienne-Marcelin NGBANDA-BANDOA, *Ces jeunes-là*, 2009.

Anselme MACKOUMBOU-NKOUKA, *Un général dans la tourmente : la guerre du 5 juin 1997 au Congo*, 2009.

SHANDA TONME, *La France a-t-elle commis un génocide au Cameroun ? Les Bamiléké accusent*, 2009.

SHANDA TONME, *Jeux et enjeux des Etats dans l'ordonnancement géostratégique planétaire*, 2009.

Alfred MBUYI MIZEKA, *Du village aux amphithéâtres. Itinéraire d'un universitaire africain*, 2009.

Michel NKAYA, *Pour une approche endogène du développement au Congo-Brazzaville*, 2009.

Jean-Baptiste SOUROU, *Jean-Paul II : Pape blanc et Africain*, 2009.

Janis OTSIEMI, *Guerre de succession au Gabon*, 2009.

Mohamed Lamine GAKOU, *Afrique subsaharienne et développement de l'Asie de l'Est*, 2009.

Allaoui ASKANDARI, *Logiques politiques et mahorites dans la postcolonie de Mayotte*, 2009.

Toumany MENDY, *L'immigration clandestine. Mythes, mystères et réalités*, 2009.

Cyriaque Magloire MONGO DZON

RELEVER LES DÉFIS ÉLECTORAUX EN AFRIQUE

L'Harmattan

Du même auteur

Pour un vote utile, Brazzaville, 2007
Pour relancer le Congo, Harmattan, 2007
Quelle refondation pour le Congo ?, Harmattan, 2008
Nés après les indépendances, Harmattan, 2009

5-7, rue de l'École-Polytechnique ; 75005 Paris

http://www.librairieharmattan.com
diffusion.harmattan@wanadoo.fr
harmattan1@wanadoo.fr

ISBN : 978-2-296-10659-8
EAN : 9782296106598

La vie est *«l'ensemble des fonctions qui résistent à la mort»*.

Bichat

Introduction

Après les années 50 et 60, années des indépendances, les années 90 de la perestroïka, du discours de la baule et des conférences nationales, l'Afrique est restée démocratiquement malade, malade de ses choix et de ses exigences. Faute d'avoir des nations dignes de ce nom, nous n'avons pas pu choisir des nationalistes, pour être restés attachés à nos tribus, nous avons choisis des tribalistes.

Nos choix électoraux ou notre non exigence, nous crucifient. Nous en payons le prix. Même les tyrans qui ont fini par s'imposer à nous ont pris appui sur certains d'entre nous. Ceux-ci se comportent comme s'ils les avaient choisis. N'avons-nous pas des problèmes avec la nature de nos choix ? Nous n'avons pas droit à des politiques parce que nous ne choisissons pas des politiques.

Qu'avons-nous exigé depuis qu'a été officialisée notre faculté d'exiger, depuis qu'a été reconnu notre droit d'exiger ? Avons nous exigé des mesures qui nous garantissent de façon plus efficace la lutte contre la pauvreté et la corruption. Quel est le bilan qualitatif de nos exigences ?

Introduction

Après les années 50 et 60, années des indépendances, les années 90 de la perestroïka, du discours de la Baule et des conférences nationales, l'Afrique est [illegible]

[illegible]

DES FONDAMENTAUX DE LA DEMOCRATIE

La souveraineté

A l'époque de la Rome antique où le dictateur avait une charge déléguée par le souverain pour un temps limité, on parlait de pouvoir absolu jusqu'à ce que César devint dictateur à vie donc souverain. A cette époque-ci où la démocratie sert à certains hommes politiques à donner une forme acceptable à leur pouvoir à vie ou à sa conservation le plus longtemps possible, faudrait-il parler de dictature tout court.

Certains hommes politiques au pouvoir en Afrique ont créé une situation intermédiaire entre dictature et démocratie. Ils organisent des élections sans être disposés à les perdre tout en déclarant autre chose. Ils sont élus ou se font élire démocratiquement bon gré mal gré des électorats à la souveraineté douteuse. Ils font élire des assemblées nationales à la majorité absolue, nomment des juges et des ministres qui font absolument leur jeu. Les nommés leur sont logiquement plus soumis qu'aux collectivités. Ces dernières ne jouissent pas du droit absolu de se faire représenter puisqu'on peut trafiquer leur vote. Les chefs d'Etat qui organisent de tels trafics ont la liberté de disposer du souverain primaire sans répondre devant une quelconque autre autorité supérieure. Ils ont la possibilité de brandir le principe de la non-ingérence dans les affaires intérieures, d'assumer le monopole de la violence légitime, la puissance absolue et la faculté de faire changer des lois pour donner une allure légale à leurs volonté et puissance suprêmes au gré des circonstances. Au fond, ils gèrent la réalité de la souveraineté. Ils savent qu'en respectant les conventions et les accords signés avec l'étranger et en évitant de commettre des crimes dits contre l'humanité, ils pourront écarter toute ingérence de la communauté internationale.

En Afrique, la souveraineté réelle incarnée par les hommes politiques tranche avec la souveraineté symbolique des peuples. Les politiciens se comportent comme s'ils étaient en réalité supérieurs au droit. Ne font-ils pas les lois ? Ce n'est que pour consolider leur puissance qu'il donne une assise juridique à la souveraineté primaire pour être en harmonie avec la démocratisation en vogue. Au fond, leur capacité ou plutôt leur pouvoir est illimité. Ils décident souverainement et déterminent les conditions légales de l'exécution de leur volonté. Les constitutions de leurs Républiques sont tenues de se conformer, souvent à coup de révisions rocambolesques, à ce qu'ils veulent. Devant leur volonté érigée en norme absolue, la morale et toutes les autres valeurs s'inclinent. C'est ainsi que toute initiative de transfert de souveraineté à une volonté supérieure, comme dans le cas des Etats-Unis d'Afrique, est inacceptable pour certains présidents africains qui, dans leurs réflexes de véritables souverains, craignent d'être amputés de leur toute puissance acquise ou entretenue à coup de guerres civiles, de répressions permanentes ou de pillages des richesses nationales. Céder une partie de ce qu'ils ont arraché pseudo- démocratiquement aux peuples ne leur est pas envisageable.

La réplique de ces hommes politiques aux critiques de spoliation de souveraineté se résume à la question de savoir si les peuples des pays démocratiquement avancés sont aussi souverains qu'on le pense. Il arrive certes, dans ces pays-là, que les décisions soient souverainement prises par leurs dirigeants, mais la différence est dans le fait que les dirigeants des pays démocratiquement avancés décident sous des contrôles institutionnels effectifs et de réels garde-fous politiques. Ils décident et rendent compte en assumant les désapprobations, approbations ou sanctions des peuples à travers les sondages, les élections et les manifestations diverses. Ce qui n'est pas le cas pour des dirigeants qui, malgré la mise en place des institutions dites démocratiques, s'arrangent à disposer de la totalité des pouvoirs sous une apparence de fausse séparation. Les pouvoirs exécutif, judiciaire et législatif n'ont pas la même signification pour un président démocratiquement sanctionnable, que pour un conquérant pataugeant dans une forme pseudo-démocratique d'autocratie modernisée.

Les intérêts du peuple

Bien qu'arrangeant tout le monde donc chacun, Les intérêts du peuple ne sont pas la somme des intérêts particuliers. L'effort, le mérite et la chance, il est vrai font souvent la différence. Chacun peut inconsidérément tirer plus davantage qu'un autre. Mais lorsqu'on arrive à une politique qui privilégie les intérêts de quelques uns, une vague de désintérêt s'ensuit qui pose de sérieux problèmes à la Nation.

Sans pouvoir satisfaire les intérêts particuliers de tout le monde, il est absolument nécessaire de laisser la possibilité à chacun de chercher et de trouver son compte. Faire attention aux intérêts particuliers, c'est déterminer et disposer les conditions d'une meilleure redistribution des chances. Les aspirations des citoyens, individuellement ou catégories par catégories, méritent d'être prises en compte et de susciter la solidarité des responsables politiques. Elles méritent aussi de faire l'objet de politiques d'offres de pistes d'espoir, de facilitation et d'opportunité.

La légitimation des ambitions des hommes politiques doit partir de là. Chacun dans sa situation sociale ou économique, quelque soit son appartenance politique ou son identité ethnique doit se sentir concerné pour établir un lien objectif avec la politique. Ce serait le chantier d'une véritable refondation politique à même de donner une essence véritablement démocratique à la participation du peuple, des citoyens, au processus de démocratisation africaine qui se cherche. Une démocratie qui fait fi des intérêts circonstanciés et personnalisés du peuple est une démocratie sans intérêt pour le peuple.

Pour une citoyenneté de plein exercice

Que reste-t-il de la définition de citoyen quand on considère les abus d'autorité dont sont victimes les gens dans les sociétés africaines ? L'Etat a tous les moyens de se faire obéir et de recouvrir ce qui lui est dû en termes de dettes, de taxes, de redevances, de services et de devoirs. Les citoyens, par contre, sont souvent loin d'être satisfaits de l'exercice de leurs droits. Ils n'influent pas sur le commandement. Leurs opinions peuvent ne pas être prises en compte.

Quand la participation à la vie de la Cité se fait dans l'inégalité des droits qu'institue la jouissance sectaire des privilèges du pouvoir, les sujets de passe-droits sont plus à même d'exercer leur citoyenneté que les autres. L'impossibilité de faire prévaloir leurs droits civils, politiques et sociaux fait que peu d'Africains se considèrent en réalité comme des citoyens à part entière. Les liens avec le pouvoir politique, les pots-de-vin, la prévarication, conditionnent mieux l'accès à la citoyenneté dans le sens d'une jouissance effective des droits et libertés politiques, économiques, sociaux et culturels.

Comment lever cette particularisation des droits sociaux au profit d'une généralisation qui fasse en sorte que ce ne soit plus que quelques individus qui aient le privilège politique, les capacités financières ou les potentialités relationnelles d'être plus citoyens que les autres, d'accéder au statut de fonctionnaire ou d'employé, d'épargnant ou d'entrepreneur formel, de socialement protégé et même de chanceux face au système de redistribution concerné ? Comment convaincre certains individus qui végètent dans la marginalité sociale, de la sacralité de leur personne et de leur citoyenneté quand l'inutilité des représentations diplomatiques, législatives et locales, la défaillance et l'inefficience des services publics de la santé, de l'éducation, de la justice, les difficultés d'accès à la distribution d'eau, d'électricité, de gaz…les réduisent à une existence précaire et symbolique ?

Il faut rompre démocratiquement avec les promoteurs de ces systèmes de réduction de la personnalité à sa plus symbolique expression. Cette rupture devra devenir un enjeu électoral référentiel en Afrique. Voilà une raison de résister à ceux qui ne font pas du rétablissement de la citoyenneté un des principaux projets mobilisateurs des électeurs. On ne peut réussir une démocratie sans Etat de droit et qui dit Etat de droit dit citoyenneté de plein exercice.

Pour le non étouffement des groupes d'intérêts catégoriels

Etouffer des groupes d'intérêts sociaux ou économiques est très dangereux, car la tendance est qu'ils laissent la place aux groupes d'intérêts de jouissance symbolique du pouvoir.

La situation sociale immédiate finit souvent par rapprocher certains citoyens au point de leur faire prendre conscience des problèmes qui dépassent les clivages d'origine ethniques. Les villes et la municipalisation de certains villages poussent à la recherche des solutions à des problèmes spécifiques et à la prise de positions politiques contre l'absence ou l'impertinence des mesures et des politiques. Plutôt que de répondre à ces tendances revendicatrices et par essence supra ethnique, plusieurs hommes politiques préfèrent se réfugier derrière des paravents d'appartenances ethniques ou régionales pour raccourcir les schémas de mobilisation, de persuasion et de dissuasion. Ils résistent aux conséquences socio-politiques de l'urbanisation et maintiennent la logique du village traditionnel qu'ils transposent jusque dans des cabinets politiques, des administrations et des institutions prétendument nationales. Ainsi déplacent-ils l'axe de la redistribution des avantages et des chances de l'échelle nationale ou locale à l'ethnique en brandissant la menace du premier contre le dernier. Le discours va dans le sens du: "si nous perdons le pouvoir pour n'avoir pas pu répondre aux attentes sociales, vous les "nôtres" (ethniquement parlant) perdrez des avantages et des facilités liés à la présence des vôtres aux commandes de la redistribution ethniciste des chances et des convenances. Or aucune tribu ni ethnie ne peut garantir, à elle seule, un développement national. Se consacrer aux intérêts de la tribu ou de l'ethnie ne peut faire entrer en toute gloire dans une histoire qui est condamnée à être nationale. C'est ainsi que de grands travaux réalisés sans intérêt d'intégration nationale dans certains villages ont fini par tomber en ruine et devenir des épaves abandonnées quand leurs prometteurs ont quitté les rênes de l'Etat. Des groupes d'intérêts tournés vers des préoccupations supra-tribales ou ethniques permettront d'établir des filiations politiques sur la base des recherches de solutions aux problèmes sociaux, économiques, culturels...qui n'aient plus rien à avoir avec l'ethnie. Des filiations qui prennent racines dans la recherche de la satisfaction des intérêts généraux intéressant tous les usagers ou les éléments de telles ou telles catégories sociales indépendamment de ce qu'ils soient ressortissants de telle ou telle autre région.

Ces groupes peuvent réorienter les préférences politiques sur autre chose que ce qu'on voit d'habitude. Ils peuvent stimuler et inciter les partis à l'effort de persuasion par la recherche des solutions appropriées. Les exigences que formulent les groupes d'intérêts en échange du soutien électoral sont de loin plus compatibles avec l'approche démocratique et républicaine et peuvent faire en sorte que les politiques prennent le chemin du conditionnement de l'avenir.

DES PRESUPPOSES DE LA DEMOCRATIE

L'analphabétisme démocratique

En Afrique, des élections sont dans la plupart des cas floues. On ne sait pas quelles leçons tirer des victoires, des défaites ou des taux de participation. La vérité sur les taux de participation n'est généralement pas de mise. Quand les organisateurs des élections en sont impliqués en tant que partie concurrente au suffrage, ils ont tendance à faire taire les taux de participation quand ils traduisent un désaveu de la part des électeurs. Cela fait que ces taux constituent des enjeux à part entière dans le processus de falsification de la vérité électorale surtout pour ceux des dirigeants qui ne sont pas prêts à accepter le verdict des urnes.

Pour l'électeur, il y a là une restriction de liberté. Le pire pour une démocratie est qu'un gouvernement choisisse de passer délibérément à côté des occasions d'écouter le peuple profond, de savoir ce que pensent vraiment les gens. Pourtant un faible taux de participation pourrait traduire un ras-le-bol ou un manque d'intérêt qui susciterait des rectifications ou des remises en question essentielles pour sauver le pays d'une situation désavouée quelquefois à raison par le peuple. Ce faible taux de participation peut tenir lieu d'avertissement. Mais le dictateur ou simplement le pseudo-démocrate n'a que faire de l'expression du souverain primaire qu'il veut subjuguer. Pourquoi lirait-il des scrutins auxquels ils donnent la vocation d'exprimer non pas la vérité du peuple mais ce qu'il voudrait entendre, lui, le faussaire ? Ainsi se développe l'analphabétisme démocratique qui fait que le langage des électeurs, des peuples, ne parvienne pas à s'échapper de la logique et de la stratégie du bâillonnement. Les conditions d'en rendre la lecture impossible sont ainsi créées et promues. Certains ne veulent pas lire ce langage parce qu'ils craignent d'écouter un possible autre son de cloche. Surtout quand c'est contre leurs intérêts. Que de peuples perdent la faculté d'avertir ou de sanctionner à travers ses besognes antidémocratiques! Le déphasage et le démarquage d'avec la réalité et les attentes des pays s'en trouvent garantis. L'impression qui s'y dégage est finalement celle de plusieurs collectivités de muets, d'aveugles et en fin de compte de sourds apparemment irresponsables et indifférents.

Des scrutins illisibles consacrent une démocratie de représentation creuse qui ne se préoccupent pas du tout des représentés. La démocratie anti-opinion qui remporte par la force ou la plus cynique des ruses, des batailles de musellement, retarde sérieusement le continent africain.

En effet, des années 90, années des élections présumées démocratiques, à ce jour, les taux de participation aux différents scrutins présidentiels, législatifs et locaux ont baissés. La vérité électorale n'étant pas à l'ordre du jour des enjeux de conquête et de conservation de pouvoir en Afrique, la désillusion de la période post-conférences nationales s'est traduite par des abstentions dont on aura difficilement les chiffres réels et la véritable signification.

Dans la plupart des pays d'Afrique, les élections sont encore des formalités à remplir pour ne pas heurter l'opinion internationale. Elles meublent des pouvoirs qui n'ont au fait pas besoin d'elles pour se consolider ou se conserver. Des pouvoirs qui n'ont besoin que de la force et de la ruse brutes sans persuasion, ni volonté de convaincre.

Nombreux sont des Africains qui trouvent inutiles de participer à des scrutins électoraux sans surprise ni vrais enjeux. Le comportement électoral africain est l'une des activités politiques les plus difficiles à traiter parce qu'on n'est pas sûr de savoir qui a réellement voté et qui ne l'a pas fait, pour qui X ou Y a voté et pourquoi.

Des forces politiques aux puissances de changement

Y a-t-il des forces politiques en Afrique ? Oui, il y a des forces politiques en Afrique à même d'obtenir des retournements de situation, de faire plier des pouvoirs. Pourquoi ces forces politiques réelles et disponibles ne constituent pas pour autant des puissances de changements pour la situation de l'Afrique et des Africains ? De la force politique à la puissance de changement, il y a la volonté politique. Celle-ci est tributaire de l'espérance, de l'intelligence et du courage. Le changement et le devenir sont des affaires de puissance et non seulement de force. On peut être potentiellement force de changement sans jamais avoir la volonté ni la capacité de changer les choses.

La politique est un phénomène de puissance. La force a besoin d'être appliquée efficacement, courageusement et intelligemment pour que par l'action et la qualité de l'agir, elle se transforme en dynamique. C'est l'application qui donne un sens à la force politique. Quel sens donner à une force impuissante qui se contenterait de proclamer ou de brandir ses potentialités plutôt que de transformer les choses, de créer un avenir au lieu de se contenter de circonstanciels retournements de situation ?

Avec le temps, les actions et réactions, toute force prend de l'âge et s'use. Les footballeurs, les boxeurs, les catcheurs, etc., voient s'émousser inéluctablement leurs capacités dans l'ordre naturel de la vie. Les politiques ne peuvent s'échapper à cette règle naturelle de la vulnérabilité temporelle.

Des méthodes politiques

Obtenir plus avec le minimum de moyens, atteindre des objectifs sans arriver à bout de toutes ses ressources, telle était la méthode par excellence. La particularité de la politique est dans la généralité de ses objectifs. On atteint des objectifs politiques par des moyens qui ne sont pas toujours politiques et qui nécessitent que l'on n'impose pas forcément les règles de la gestion politicienne. La question de la méthode en politique mérite d'être spécifiée. Faut-il accepter n'importe quelle méthode pourvu qu'elle permette d'atteindre les objectifs fixés ? Les méthodes ne doivent-elle pas être appréciées non pas exclusivement en fonction du rapport de cause à effet, mais aussi de leur valeur intrinsèque par rapport au but de la politique qu'est le bien commun ?

La méthode en politique est un art. Il est difficile d'en parler comme d'une science. Elle ne doit ni devenir une fin en soi ni faire ombrage au but ou à l'objectif du politique. Elle est tributaire de l'intelligence, de l'expérience et du tact. Elle a besoin de ce qui n'est pas elle, comme le charisme, l'autorité, la lucidité, la passion mais aussi d'une forte dose de bon sens.

La méthode qui s'est avérée efficace hier n'a pas toujours la garantie de le demeurer. Le politique devra pouvoir en prendre quelquefois des distances et veiller à n'en pas devenir victime. Même quand une méthode réussit, elle doit être mise à l'épreuve de l'éthique, de l'élégance spirituelle et morale, etc. Une méthode qui consistera en une simple combinaison politicienne de moyens ne sera jamais à la hauteur de ce qu'on attend de son application au cas où sa vocation serait de résoudre les problèmes du pays.

De la conception à l'accomplissement

Une politique, un projet ou un programme se réalise-t-il simplement parce qu'il est énoncé ou dicté ? Mobilise-t-il parce qu'il est l'objet de commandement ? Une exécution se travaille. Elle est prévue et préparée. De l'ordre du possible à la réalisation, il y a de nécessaires efforts à fournir, des ressources à combiner. L'élément déterminant dans le processus de réalisation est la volonté. Quels que soient les moyens, la disposition et la disponibilité des hommes, si la force de la volonté n'y est pas, aucune réalisation ne sera possible. Agir est déjà un dépassement du possible, il est exécution et non projection.

Suffit-il de désirer ou de concevoir la prospérité, la sécurité et la tranquillité des esprits pour qu'ils soient là ? Les responsables politiques ont des moyens qui permettent de parvenir à certaines fins. Que vaudront ces moyens si les objectifs ne sont ni atteints ni concrètement poursuivis ? Quelle valeur accorder à une armée ou à une police si elle ne parvient pas à sécuriser le territoire, les biens et les personnes ? De même pour la justice, la santé, les finances, les écoles, etc., au cas où leurs résultats s'éloigneraient de l'intérêt général. Il est aussi vrai que les moyens ne suffisent pas. Il y a certes la force de la volonté mais aussi l'autorité, la capacité, l'adresse et la perspicacité de celui qui agit. A cela, il faut ajouter l'imprévisibilité et la surprise. On peut certes s'essouffler suite aux diverses difficultés, face à la désobéissance et à l'opposition, mais le génie politique n'est-ce pas de dissuader les velléités de désobéissance et de prévoir les écueils éventuels en tirant des leçons à partir des avis opposés ?

De la responsabilité politique

En général, l'homme politique bénéficie de la présomption d'être animé de bonnes intentions, de chercher l'accomplissement du bien commun. Il peut mal le chercher, mal s'y prendre, décider malencontreusement. La difficulté est de distinguer la bonne intention de la mauvaise, d'évaluer comparativement l'intention et les conséquences d'un acte, de déterminer la compétence et surtout la bonne foi de l'homme politique avant qu'il n'assume ses fonctions, qu'il ne soit confronté aux aléas de l'exercice du pouvoir. Aucun candidat ne bat campagne en disant sincèrement de quoi il est réellement capable, encore qu'il faudrait qu'il arrive à se connaître. Ce qui n'est pas évident non plus. Les capacités de l'homme politique se montrent par les actes et les résultats et non par la parole ou les intentions ? Aspirer à remettre de l'ordre et à faire développer un pays n'en traduit pas la capacité ? Il n'existe pas de critères pour mesurer combien une intention est vraiment sincère et quelle est la capacité de celui qui prétend pouvoir la matérialiser. Mais en tout état de cause, on attend de l'homme politique de trouver des solutions même non définitives, d'éviter de drainer la collectivité dans le désarroi, de régler des conflits, d'accorder des volontés divergentes, de distribuer les chances aux citoyens et de faire saisir au pays sa chance en utilisant le plus humainement possible les moyens de la collectivité par rapport aux objectifs déterminés d'avance. La compétence politique se mesure par la façon dont on s'y prend, par la prévision des conséquences des actes qu'on pose et à la qualité des fins que l'on poursuit réellement. L'homme politique peut échouer et aller dans le sens contraire aux résultats escomptés. Il peut irrémédiablement décevoir quand il persiste dans une logique qui mécontente la collectivité, quand il n'arrive pas à tirer des leçons, quand il profite des situations collectives pour privilégier ses intérêts personnels. A ce moment-là, il lui devient difficile de justifier sa bonne intention de départ. Il ne reste plus qu'à assumer les conséquences de ses actes, de ses décisions ou, pour le législateur élu, de ses choix. Toutefois l'exercice de la fonction politique permet à son titulaire de montrer ses capacités ou son incapacité, son humanisme ou sa cruauté.

Ceux qui détiennent le pouvoir ont manifesté leur ambition et lutté pour y parvenir. Ils doivent répondre de leur ambition, des résultats de leur exercice du pouvoir ou des conséquences de leurs décisions sur la collectivité. Agissant sur les moyens de tous pour l'accomplissement du bien commun, ils donnent raison ou tort aux choix que la collectivité fait de leur personne. Puisqu'ils sont sensés tirer profit des succès alors pourquoi n'en supporteraient-ils pas les échecs ?

Qu'elle soit une faute, une erreur ou une négligence, un mérite ou un flair, la responsabilité doit être assumée. La loterie, par exemple, n'existerait pas, ses gagnants ne mériteraient pas de lots et ses perdants ne le seraient pas, si obligation d'assumer n'était pas faite même au fruit du hasard ou à celui que le sort a désigné. Combien plus pour celui qui choisit ou qui se fait choisir.

Si choisir n'est pas toujours décider, il favorise et prépare les conditions de prise de décisions, de priorisation des intérêts et des préoccupations. La collectivité, elle, en assume la responsabilité, même si le droit retient pour principe la minorité de la collectivité. Ne se situant pas juridiquement, cette responsabilité ne peut être prise pour une culpabilité. On peut tout y mettre, le bas niveau d'instruction, la négligence, l'erreur, la pression, la peur, la lâcheté, etc. les êtres humains pris individuellement peuvent mûrir et répondre de leurs actes mais collectivement ils sont considérés comme éternellement mineurs. La foule ne réfléchit pas. Elle a ses effets et sa propre dynamique. Mais cela ne lui donne aucune immunité contre les conséquences des échecs politiques. Que la majorité s'est trompée engage la minorité. Celle-ci l'assume sans autre forme de procès au même titre que la majorité qui a mal choisi. C'est même pourquoi il serait judicieux de protéger les minorités par une solidarité qui ait pour vocation de diminuer les chocs et d'en réduire les risques ?

Le vote n'est certes pas une décision à proprement parler, l'erreur de choix n'est pas une faute, mais la confiance que l'électorat fait à une formation politique ou à un homme qui peut ne pas être à la hauteur de sa tâche pèse sur le destin de tous. Cette responsabilité, loin d'être une culpabilité supposant préjudice et réparation, ce qui serait un non-sens, est tout au moins une responsabilité politique dans la mesure où elle entraîne des conséquences qu'un autre choix aurait pu faire éviter malgré les incertitudes du domaine politique. On ne peut choisir un candidat sur sept et mettre ce choix dans le lot de l'irresponsabilité politique la plus totale.

La volonté d'agir, de désobéir civilement, de protester contre l'injustice ou de se révolter contre un régime, qui peut animer un individu, n'est certes pas de facto transmissible à tous les autres individus dont l'adhésion ou le partage garantirait l'agir de la collectivité. La démarche individuelle d'entendement, d'estimation et d'approfondissement étant loin de s'apparenter à celle d'une foule. L'individu isolé, fût-il mûr, peut-il garantir la maturité d'autres individus pris collectivement ? Certainement pas. Le caractère diffus de l'immaturité collective ne peut être compensé par la maturité ou la décision de quelques individus, mais il peut en être couvert et positivement assumé de sorte que ces quelques individus décident consciemment ou inconsciemment du décollage ou de la stagnation de tous à la place de tout le monde. Mais au fond l'individu est-il aussi isolé qu'il le paraît ? En réalité non, au regard des appartenances diverses et des liens que l'électeur peut avoir avec certains groupements ou centre d'intérêts politiques. Des appartenances et des liens qu'il supporte, alimente, renforce et peut revisiter avec force critique. Il peut s'élever au point de comprendre que jouer la carte de l'intérêt national est la seule voie qui puisse garantir un essor de grande envergure touchant toutes les régions du pays et préparant à l'intégration supra-nationale, seul véritable salut pour le continent africain.

ELIRE ET SE FAIRE ELIRE

Elections questions

Des élections dignes de ce nom devraient faire monter à la surface publique, par médias interposés ou directement au cours des débats, des questions d'électeurs aux candidats. Les électeurs exprimeraient leurs desiderata et les candidats proposeraient des réponses que les premiers seraient invités à analyser, à appréhender et à préférer. L'on aurait affaire à des élections questions et réponses, à des votes significatifs. Les solutions préférées pourraient ne pas venir de son parti et pousser l'électeur à s'en démarquer pour l'intérêt de la collectivité tout entière. N'est-ce pas cela qui ferait la bonne démocratie ? Une démocratie qui susciterait la compétition des préoccupations dignes d'intérêt, des solutions et des thèmes.

Une telle compétition mobiliserait qualitativement les partis, les pousserait à fournir des efforts pour bien proposer et réussir à mieux réaliser. Or bien proposer nécessiterait de recourir par recrutement ou par consultation aux personnes de qualité. Ce qui susciterait la recherche de la meilleure combinaison des ressources humaines, financières, matérielles, techniques, etc. pour transformer les solutions en résultats probants.

Qui vote et pourquoi ?

Pourquoi va-t-on à l'urne ? Pourquoi se donne-t-on tant de peine ? Dans certains pays, on va à l'urne parce que le pouvoir donne une emprise sur les richesses nationales. Le président X qui sera élu nommera Y. Les amis, parents, voisins de Y ont intérêt à soutenir le président X aux côtés de la famille, de l'entourage, de la tribu et de la région de ce dernier. L'élection devient donc une occasion d'obtenir le droit de jouir réellement ou symboliquement du pouvoir. Elle permettra de contrôler l'Etat et tous les canaux de distribution des chances et de redistribution de la richesse nationale.

On vote comme on envoie un enfant étudier en Europe pour qu'il aide la famille par des transferts d'argent. C'est une formalité d'investissement politicien pour de meilleurs statuts sociaux. On vote aussi parce que l'on a peur. Peur d'être taxé d'incivique, d'adversaire de la démocratie en vogue ou du régime.

Ceux des élus choisis par les électeurs de leurs tribus ou ethnies pour partager avec eux les richesses nationales se sentent souvent individuellement redevables et agissent en conséquence. Il est aléatoire d'attendre d'eux l'obligation politique et morale de garantir la construction des hôpitaux, des écoles, des routes, des centrales électriques, des réseaux de distribution d'eau, de gaz, etc. Ils en arrivent souvent à développer des penchants d'accumulation individuelle et d'acquittement de la redevance sectaire.

L'autre raison d'aller voter

Quand on organise des élections pour ne pas les perdre, quelle attitude suscite-t-on dans l'électorat ? Interpellé par un scrutin dont il n'a pas la possibilité de modifier réellement l'issue, l'électorat en perd la motivation principale et s'accroche à d'autres raisons d'aller voter. Parmi lesquelles, la satisfaction d'avoir posé l'acte de voter. Avoir voté est un acte psychologique important. On se sent citoyen à l'instar de ceux des grands pays que l'on admire à travers la télévision. Ceux qui, dans des pays occidentaux surtout, choisissent des hommes capables d'apporter des solutions. A défaut d'attendre quoi que ce soit, on se réjouie de l'artificiel et du fêtard. Ce désir d'assumer son droit de vote fait que l'on voit certains bureaux de vote envahis de gens parés de leurs plus beaux atours.

De nombreuses personnes âgées, nostalgiques des indépendances et des réflexes d'attachement à des Etats naissant, hier mythiques, restent fidèles au goût de la participation politique et sociale, même symbolique. Dans des pays à faible taux d'alphabétisation, à fort taux d'échecs scolaires ou à forte évolution de l'incivisme, cet aspect psychologique de la participation l'emporte sur le reste et favorise la marginalisation de la véritable fonction politique des élections. Cette marginalisation déçoive tous ceux qui espèrent profiter des campagnes électorales pour débattre des problèmes qui se posent à la société ou des bilans des exercices précédents.

Etre ou ne pas être au pouvoir

Pourquoi voter pour quelqu'un ou un parti qui ne pourra jamais arriver démocratiquement au pouvoir quelque soit ses potentialités ? Pour demeurer dans une opposition sempiternelle ou soulager sa conscience ? Celui qui est du parti au pouvoir, pourquoi fournirait-il des efforts quand il sait que quelques soient les conditions, avec ou sans mérite, son parti remportera les élections parce qu'il est au pouvoir ?

Etre et ne pas être au pouvoir est le véritable écueil de la démocratie africaine et devient finalement l'enjeu essentiel des batailles politiques prétendument démocratiques. Etre au pouvoir, quelques soient les erreurs, les fautes et les incompétences, tend à exclure le risque de le perdre contre les velléités d'alternance même les plus démocratiquement légitimes. Ne pas être au pouvoir malgré ses mérites, ses potentialités et la volonté de l'électeur réduit ou annule la possibilité de le conquérir démocratiquement.

Les appartenances politiques se bâtissent sur ce "être ou ne pas être au pouvoir". Les recrutements s'en trouvent facilités ou découragés. Celui qui est au pouvoir reçoit plus d'allégeances que celui qui n'y est pas. Face à l'hégémonie économique et financière discriminative de ceux qui sont au pouvoir et qui contrôlent, par conséquent, la distribution des privilèges et autres avantages, les oppositions ne peuvent ratisser large et souvent misent sur la fibre ethnique en tant que garantie d'attachement inaliénable. Entrepreneurs, cadres, employés, petits commerçants se déterminent en fonction du présupposé d'être ou non au pouvoir pour ne pas être marginalisés. Faute de véritables politiques, les fidélités bâties sur des choix strictement doctrinaires en arrivent à friser l'inutilité. Autour de la volonté de conquérir le pouvoir avec des chances réelles ou de conserver le pouvoir par la force et toutes les ruses possibles, se consolident des partis dits politiques.

Se faire élire d'un intime

Etre élu d'un parent, d'un ami ou d'un membre de sa tribu ne signifie pas que l'on est incompétent. Ce sont des électeurs comme tous les autres qui peuvent choisir qui que ce soit. Mais être élu d'un parent, d'un ami ou d'un membre de sa famille n'est pas la motivation politique idéale pour donner le meilleur de soi-même. C'est tellement rassurant qu'il faut assez de volonté pour ne pas se laisser aller à la facilité et à la logique de l'intéressement. C'est un fait qui est loin de mettre sous pression de rigueur, d'exigence et de sévérité. On n'a pas toujours besoin de fournir des efforts démesurés pour se faire élire ou réélire d'un parent.

Cependant, élire pour donner satisfaction au lien intime sans tenir compte des capacités réelles de la personne à élire est un crime contre la société, la république, la nation. Les intérêts et avantages de chacun ne sont pas pour tous, alors que ceux de tous, incarnés par l'Etat, sont plus appropriés à garantir la satisfaction générale.

Et si l'on avait affaire à un parent compétent ?

En quoi voter pour un parent ou un ami compétent serait un mal ? En rien. Choisir un compétent qu'il soit ou non un parent n'est pas un mal en soi. Le candidat parent, ami ou quelqu'un de la même tribu, est un candidat comme les autres quand il ne s'appesantit pas sur l'attribut parental, amical ou tribal. On ne doit pas discriminer électoralement un proche digne d'assumer des responsabilités simplement parce qu'il est proche, de même qu'il ne devra pas être élu que par rapport à cela.

Si tout le monde votait pour un intime ?

Etant entendu que pour servir la cause publique, on n'a pas besoin de recourir systématiquement à ses proches, étant entendu les pesanteurs difficilement résistibles qui y affèrent, si tout le monde dans des milieux urbains, donc non homogènes votait aux présidentielles, aux législatives ou aux locales, pour son ami, son parent ou le ressortissant de son ethnie, bien que ce soit sur la base de la compétence, que se passerait-il ? Il se passerait probablement que les uns et les autres, tour à tour, exerceraient de la pression sur les «leurs» de sorte que l'Etat, garant de l'intérêt de tous, devienne le parent pauvre du système. Dans ces cas-là, chercher à plaire à ses électeurs pourrait se confondre à tenter en permanence de plaire aux siens avec tous les dérapages possibles. Ceux dont les parents, amis ou proches ne sont pas candidats se sentiraient probablement menacés et se préoccuperaient de combler les vides en instiguant les «leurs» à se porter candidats aux mépris des exigences de parcours, d'expérience, de qualité et de prédispositions. Tout cela afin d'établir un équilibre dont la base serait «chacun pour le sien». Cette base n'est pas l'idéale pour que la collectivité dispose des moyens de pression qui permettent d'obtenir le dévouement et l'abnégation indispensable à la satisfaction générale des gouvernés ou des administrés. Ce serait exceptionnel et franchement inespéré que de telles attitudes aboutissent à ce que chacun fasse le gendarme derrière le sien pour qu'il se consacre exclusivement à l'intérêt public.

Les hommes instruits peuvent-ils influer sur les résultats ?

Les gens instruits non membres des partis politiques, conscients de leur faible emprise sur les enjeux électoraux sont les plus nombreux à s'abstenir. Cultivés, ils perçoivent plus clairement la véritable nature des élections, quand il le faut. Avertis, ils réalisent souvent l'inutilité de la démarche électorale lorsque cela en est le cas. Influer sur les résultats ne faisant pas partie à ce moment-là des probabilités encore moins des évidences, ils remettent en cause la nécessité de la participation. Ils résistent volontiers aux peurs d'être taxés à tort de ceci ou de cela parce qu'ils sont conscients de leurs droits et informés des possibilités de revendication, même si généralement les résistances et les plaintes contre la violation des droits et libertés politiques n'aboutissent pas et sont assimilées aux aboiements des chiens pendant que la caravane passe.

L'Internet est devenu le rempart de cette catégorie de déçus qui usent et parfois abusent, par défoulement, des libertés de communication et d'information qu'il offre. Il consacre le renouveau des résistances aux régimes pseudo-démocratiques par la médiatisation sans frontières des violations des droits humains et des libertés politiques. La plupart de ces régimes sont devenus les ennemis impuissants de l'Internet et les résistants à la globalisation perçue sous l'angle communicationnelle. Leur démocratie de façade s'en trouve irrémédiablement vulnérable. Ils n'ont plus le monopole de la régulation de la formation et de la circulation de l'opinion.

LES PARTIS POLITIQUES

Chacun a une identité sociale

La plupart des électeurs africains apportent leurs voix en fonction des appartenances comme le village, la lignée familiale, la région, l'ethnie et l'entourage. Il y a rarement de partis qui dépassent ce genre d'appartenance pour des regroupements supra-catégoriels. Les idées étant secondaires dans la détermination des enjeux de regroupement, il arrive que la désignation des candidats dans les partis se fasse sur la base des appartenances citées plus haut. C'est ainsi que s'établissent des attachements et se fédèrent les forces de propulsion des cadres, de répartition des postes et de jouissance du pouvoir. Les fidèles aux partis sont par conséquent moins sensibles aux idées qu'aux attachements individuels quelqu'en soient les revirements. Ils viennent au débat pour défendre les «leur», se rangent à leurs opinions quelques soient les incriminations.

Il est évident que chacun a une identité sociale qui n'est pas sans composante politique. La famille et les relations, même dans les pays de démocratie séculaire, prédisposent à une ou plusieurs appartenances politiques. Mais il y a d'autres prédispositions ou dispositions politiques qui ressortent du voisinage, de la collectivité locale, du degré d'instruction, de la religion. Ne devra-t-on pas se préoccuper de déterminer l'impact de ces prédispositions familiales, amicales, etc. sur la satisfaction de l'intérêt général et le devenir de la collectivité puis en ouvrir un débat de société ?

Les liens du parti

L'appartenance à un parti politique profite-t-il à un quartier, un arrondissement, un district, une région, un département ? Comment créer de véritables liens politiques avec des collectivités si l'appartenance aux partis politiques ne peut profiter qu'à quelques individualités qui, sans avoir besoin de convictions ni de volonté politique en sont d'office avantagés ? La tradition d'apporter des réponses politiques aux problèmes des collectivités facilite l'implantation populaire et l'assise des partis. Mais si ce lien n'existe qu'entre le membre et le chef du parti sans rapport aucun avec la cité ni avec la façon de faire et de voir les choses, il tendra à disparaître avec la disparition de l'un d'entre eux. Qu'un parti politique le soit parce qu'il tisse ou permet de tisser des liens avec des individus socialement identifiables ou qui appartiennent à certains milieux ou regroupements d'intérêt, permettra de savoir ce que les gens veulent ou attendent réellement, d'identifier leurs problèmes et leurs aspirations, de clarifier les enjeux. Ne serait-ce pas la base d'une démocratie un peu plus objective ? A ce moment-là, le candidat investi par le parti a une charge précise et une espèce de contrat avec le membre du parti qui n'attend pas n'importe quoi, mais des solutions aux problèmes qui lui rendent la vie difficile ou qui rendent invivables le quartier, l'arrondissement, la ville, le district, la région, le pays.

De saines habitudes électorales ne peuvent se bâtir que sur la condition d'influer sur les scrutins. Ce qui fera en sorte que l'on passe des appartenances naturelles, ethniques ou géographiques, aux appartenances politiques sur la base des circonstances sociales qui auraient fait l'objet d'un traitement ou d'une perception politique en tant que recherche de solutions ou réaction à un positionnement.

Le choix du parti politique

Choisir le parti politique qui convient à ses aspirations est une énorme responsabilité. Cela suppose de le connaître dans sa nature, son genre, sa forme et son fonctionnement. Il est dangereux d'accompagner un parti politique dans un schéma dont on ne connaît pas les véritables tenants et aboutissants. Quel est le membre qui peut librement exercer une pression, même positive, sur un parti politique dont il ignore tout sur le fonctionnement ? Un parti politique financièrement trop indépendant de ses membres, assuré d'une source principale de ressources incarnée par un individu ou un groupuscule, souvent, ne se donne pas la peine d'assumer les exigences les plus légitimes de ses membres.

Choisir un parti qu'on ne peut contrôler, un parti qu'on n'a pas les moyens de faire animer, un parti qui n'offre aucune marge de manœuvre dans la construction des schémas et les propositions politiques, est déjà signer une hypothèque sur la qualité d'une démocratie.

Le parti politique de bonne qualité démocratique est celui qui, pour l'essentiel, se fait ordinairement financer par ses membres et au fonctionnement duquel tous ceux qui y tiennent ont la possibilité de contribuer.

Choisir un parti politique c'est aussi s'engager à participer à un chantier politique. Cela suppose de déterminer la manière de construire un Etat, de consolider une nation, d'avoir une idée claire sur la finalité de l'action politique à laquelle on participe. Choisir un parti politique, c'est aussi choisir un genre de société, c'est militer pour l'ordre ou le désordre, c'est quelquefois participer à un crime contre un peuple, un pays, une nation.

Un parti politique est aussi toute une référence pour une vie ou pour l'histoire. Il y a des partis qui ont pour référence le financement obscur, la gabegie, l'inversion des valeurs, la vocation génocidaire, les tendances de renfermement tribal, en choisissant ce genre de parti, on choisit de porter une étiquette pour la vie. Il y a lieu de se poser la question de savoir si on ne se sentira pas un jour gêné car la politique est le terrain par excellence des revirements de situations. Une situation supportable aujourd'hui peut être nuisible le jour où les supposées victimes, les vulnérables ou défavorisés se retrouvent en situation de force, le jour où la ruse, rattrapée par le bon sens aura atteint ses limites. Ce jour-là, face aux conséquences de son choix antérieur, on peut ne pas avoir la possibilité d'épargner sa progéniture d'un héritage moral et politique ignoble dont il est difficile de ne pas faire les frais.

Partis au pouvoir et partis non au pouvoir

La paupérisation et la logique du «sauve-qui-peut» ont complexifié la répartition des cadres entre le camp du pouvoir, pourvoyeur de postes budgétaires et de divers autres avantages, et le camp des partis non au pouvoir. Les meilleurs cadres de la tribu au pouvoir sont censés soutenir le pouvoir et prendre leur part de la rente politique. Ceux des autres tribus ont le choix entre faire allégeance à plusieurs titres possibles et s'attacher aux idéaux oppositionnels soutenus souvent par des partis politiques ne bénéficiant ni de fonds publics pour les élections ni des donateurs. La non évidence de l'alternance dissuadant les donateurs.

Les électeurs affamés vendent leurs voix alors que les cadres politiques, craignant la paupérisation, marchandent leur sens critique et deviennent des «béni oui oui». De la subsistance à l'enrichissement, les cadres s'offrent à une course effrénée au mépris du bon sens, de l'éthique et de l'intelligence. La prostitution intellectuelle par contre s'apprécient et devient à la mode.

Le comportement du gouvernement et le parti

Il est curieux de constater en politique africaine des situations où le mauvais comportement des membres d'un gouvernement issus d'un parti politique n'a pas d'influence sur l'adhésion à ce parti. Il s'agit là des adhésions inconditionnelles basées sur des appartenances qui n'ont rien à avoir avec la prestation politique. Il est certes vrai que de véritables militants ne quittent pas leurs partis pour une mauvaise prestation, mais le fait que l'engouement de nouveaux adhérents pour le parti au pouvoir ne dépende pas de la prestation du gouvernement laisse à réfléchir. On peut comprendre donc que les membres du parti au pouvoir ne quittent pas leur parti malgré la mauvaise prestation du gouvernement, mais comment expliquer que les gens adhèrent massivement à un parti au pouvoir dont le gouvernement qui en est issu, échoue et s'enfonce dans le chaos au vu et au su de tous. Au nom de quoi, dans quelle condition et pour quelle intention les gens peuvent rejoindre en masse le camp de ceux qui échouent ? N'est-ce pas simplement pour le pouvoir ? Cela se passe généralement dans les cas où le parti au pouvoir n'aurait pas besoin de bien faire pour conserver le pouvoir, où il s'agirait de se rassembler pour partager un sort ou un destin particulier, autre que national, quel que soit la prestation des siens ou encore pour bénéficier des privilèges et avantages par allégeance ?

Le comportement des chefs de partis face à leurs membres

Quand le comportement des chefs de partis d'opposition laisse à désirer tout en suscitant le soutien indéfectible des membres et de nouvelles adhésions, on se pose la question de savoir quel est finalement le sens de cet engouement. Il est clair dans ces conditions qu'il ne s'agit nullement d'une opposition politique mais d'une opposition d'appartenance indéfectible comme le lieu d'origine. Etre de l'opposition n'est pas une exemption de critiques et ne doit pas échapper à un rigoureux examen de la qualité. Le principal élément de cet examen doit être la nature de cette opposition. S'agit-il d'une opposition régionale, tribale ou véritablement politique. Une opposition politique se démarque sur la base des idées précises, démontre la nécessité d'une alternance et se construit en tant qu'alternative. Elle s'institue comme un contrepoids au gouvernement et laisse vérifier la crédibilité de ses propositions alternatives.

La valeur d'un parti d'opposition ne se mesure pas seulement par sa perspicacité à s'attaquer au gouvernement mais aussi par son habileté à gérer sa diversité politique, ses divergences et contradictions internes. L'expérimentation de la démocratie interne est le véritable gage de ce qu'un parti s'est apprêté à gérer la diversité nationale, les divergences et les contradictions à l'échelle du pays. Un parti d'opposition qui ne sait pas ce qu'est une alternance sur le plan interne n'ira pas l'apprendre aux rênes de l'Etat. Ce serait un leurre.

Que dire des membres d'un parti politique au pouvoir ou à l'opposition prêts à accepter n'importe quoi n'importe comment parce qu'ils ne peuvent remettre en question leur filiation politique même au nom d'une alternative crédible ? De tels membres constituent des dangers pour la démocratie. Ils veulent profiter des canaux démocratiques de conquête du pouvoir mais ne sont ni prêts ni aptes à jouer le jeu démocratique. Leur opposition est à classer dans des oppositions de rancœur qui ne veulent autre chose qu'exercer à leur tour le pouvoir.

La fidélité au parti

La fidélité au parti doit être entretenue pour le grand bien des membres du parti. Ils sont exposés aux critiques et représailles quelquefois à leurs risques et périls. Certains membres paient souvent le prix le plus lourd soit des dérapages du gouvernement que contrôle leurs partis soit des politiques d'opposition que soutiennent leurs partis.

Pour que la fidélité au parti ne soit pas un sujet d'opprobre ni ne perde son bien fondé, il faut bien que les partis protègent leurs fidèles, les rassurent de leur bonne foi et fassent en sorte que les erreurs du parti ne transforment pas les fidèles en complices de crimes, de pillage des richesses et ressources naturelles, de génocide. Cela implique des débats internes et des consultations régulières des bases politiques pour ne pas les transformer en caisse de résonance. Il n'y a pas de convictions définitives en politique. Toutes les convictions ont une dose de relativité temporelle, circonstancielle ou intellectuelle qui les prédispose autant aux involutions qu'aux évolutions. Leur entretien-approfondissement et leur consolidation-remise en question ne finissent jamais d'être nécessaires.

Le parti et la conception du pouvoir

Quel crédit accorder à un parti politique qui ne conçoit le pouvoir que comme un fauteuil présidentiel dans lequel il est bon de s'asseoir pour régner ? Le pouvoir, pour un parti politique sérieux, doit être pris dans toute sa dimension, de la racine au fruit. Le pouvoir, c'est d'abord l'idée qu'on se fait du pouvoir, c'est la capacité que l'on se donne de créer les possibilités d'agir, c'est une faculté que l'on prépare, celle de bien disposer des moyens qui permettraient d'atteindre un but. Mais lequel ? Le but est comme l'arbre qui cache la forêt. Tous les partis politiques parlent de conquête du pouvoir comme but, objectif à atteindre, finalité. Or le pouvoir est possibilité, capacité, susceptibilité. Il devrait permettre d'aboutir à quelque chose ou quelque valeur qui le dépasse justifiant sa conquête. Combien de partis politiques s'appesantissent sur ce qu'ils entendent faire du pouvoir, sur le pourquoi de la conquête du pouvoir ?

Un parti politique qui conçoit le pouvoir comme avoir le droit de disposer des moyens qui permettent de faire atteindre à la société des objectifs d'ordre, de sécurité, de bien-être, de prospérité, devra d'abord réussir à se faire identifier comme tel par une conception sérieuse, ordonnée et intelligente du pouvoir.

Avant d'être un exercice réel et effectif, le pouvoir est une conception, un schéma et même un chantier. Voilà pourquoi la conception du pouvoir est un enjeu de premier ordre pour une démocratie de qualité. Même à l'opposition, un véritable parti politique doit briller par ses conceptions, coller au gouvernement, anticiper sur lui, construire et proposer une alternative et s'imposer dans le débat national. En réalité, la conquête du pouvoir passe par là.

La base micro-nationaliste

Que se passe t-il quand une base électorale est foncièrement micro-nationaliste ? Il se passe que chaque élection est une menace d'implosion pour la nation et de partition pour le pays. La démocratie devient un danger pour la volonté de vivre ensemble malgré le partage avéré d'un même destin.

Les risques de micro-nationalisme dans les artificielles et fragiles nations africaines ne sont plus à démontrer, mais la question est de savoir si c'est le micro-nationalisme qui pose spontanément problème ou son instrumentalisation. Que d'hommes politiques en mal d'atouts et de compétences pour se mouvoir sur le plan national se sentent contraints, pour ne pas disparaître ou mis hors jeu, de recourir à la base indéfectible de la tribu et de l'ethnie. Plus à l'aise dans le sentiment que dans l'intellect, ils ravivent des notions ou des mythes de grandeurs dépassées qui ne tiennent plus dans un contexte où l'urgence est au grand rassemblement moderne, à l'harmonisation, à la convergence des ensembles hétérogènes pour la fondation des puissances capables de se faire une place dans la mondialisation.

Les Africains ont intérêt à fonder leur démocratie sur des socles de valeurs, quitte à déterminer comment en extirper des critères, des règles et même des lois qui protègent les nations pour mieux les dépasser en direction des groupements d'Etats plus puissants parce que rassemblés.

Les fonds politiques des partis

Conquérir le pouvoir fait accéder des cadres à des postes de responsabilités. Les y maintenir est la préoccupation de certains partis politiques, plus soucieux des carrières des cadres que du reste. Les fonds politiques: idées, propositions de mesures, projets et programmes, sont dans ces cas réduits à des moyens de séduction se rapprochant de la conquête du pouvoir ou des postes de responsabilité. C'est ainsi que parvenus au pouvoir, les partis politiques en question deviennent de simples réseaux de fraternité, de campagne de lutte pour l'émergence sociale à travers la promotion politique.

Il est vrai que la démocratie électorale demande quelque fois de voir au-delà des militants engagés, d'attirer des citoyens indécis qu'on peut convaincre sur la base des idées et des propositions nouvelles au-delà du champ traditionnel du parti, mais devra-t-on pour autant changer de fond politique comme on change de chemises, pourvu que cela permette de faire un pas de plus vers le pouvoir ? Des élections sans fond politique où on ne parle que de popularité ou d'impopularité quelques soient les doctrines, où les alliances et les stratégies contre-nature ne gênent plus, sont des élections nulles et de nul effet sur le devenir des gens, sur leur vécu quotidien.

QUEL MILITANTISME POUR UNE BONNE DEMOCRATIE ?

La base du parti

Pourquoi en Afrique, la base du parti est souvent la première victime de ses déviances ou dérapages ? N'est-ce pas parce que la base se comporte comme un acquis sans exigences ni évaluations ? Ce qui revient à dire que se comporter comme un acquis n'est pas la meilleure façon d'aider son parti ou de l'aimer. Quand on aime un parti, on le protège en se positionnant comme un garde-fou pour ne pas laisser libre cours à tous les dérapages possibles.

La base du parti doit reconquérir son «incontournabilité» non seulement en garantissant la non-défection mais en s'imposant comme le fondement de sa ligne et de ses positionnements. Elle doit exiger le respect de la ligne du parti, des valeurs, des références et des critères. Elle a tout intérêt à se faire respecter en exigeant une mobilisation qui soit respectueuse des desiderata. Il faut élever l'attachement de la base au niveau de la résultante d'un entretien méritoire de conviction.

Une base respectée

Une base respectée est une garantie de succès et surtout de dévouement. La base n'est jamais muette sauf pour ceux qui refusent de l'écouter. Elle n'est jamais ingrate sauf pour ceux qui ne la considèrent que comme le début d'une aventure sans implication dans la fin. Que cette fin soit conquête du pouvoir ou de postes de responsabilité.

Le candidat du parti doit craindre aussi bien le sommet que la base. Il doit accorder à la base la place qui lui est due en tant que frange du souverain primaire. Un parti qui ne respecte pas sa base finira par mépriser le souverain primaire dans son ensemble. C'est dans le parti que l'on apprend à respecter le peuple. Le parti doit veiller à ce que tous ses responsables soient imprégnés de la sacralité politique due à la base.

Les militants convaincus

Les militants convaincus sont différents des postulants intéressés, des adeptes politico-sectaires, qui viennent à un parti ou à une association pour suivre soit un parent, soit un ami, soit encore des privilèges ou avantages de second ordre. De tels militants ne changent pas n'importe comment de positions. Ils peuvent exercer une pression pour exiger l'amélioration des propositions ou des idées (solutions préconisées par le parti). L'entretien objectif de leur conviction oblige de débattre des questions de fond.

La multiplication des militants convaincus au détriment des postulants intéressés et des militants inféodés fera qu'on apprenne à privilégier l'argumentation, à ouvrir le champ de la rédemption de la force des idées tenue en lisière par la force des armes. Le débat politique s'en trouvera restauré si pas instauré. Tel cadre cherchant à convaincre tel autre cadre pour bénéficier du soutien des militants ou de leur investiture. Etre inféodé à un parti ne sera plus un acquis absolu pour n'importe quel candidat qui se réclamerait du parti. La nécessité de convaincre obligera les partis et leurs candidats à dépasser le vil intéressement pour répondre aux interpellations, aux demandes de compréhension et d'éclaircissement inhérentes à une véritable démocratie interne. Il ne sera plus permis à celui qui veut convaincre du bien fondé de sa candidature ou de sa démarche au sein du parti, d'assimiler le militantisme à la religiosité. Le militantisme est une affaire de raison, de causes et d'arguments. On adhère à un parti ou une association pour partager des vues et non pour échanger son intelligence, son sens critique, contre un sentiment d'appartenance absolue.

Conflits entre la base et le sommet du parti

Les conflits entre la basse et le sommet du parti sont dramatiquement tranchés en faveur du sommet. Souvent, les cadres du parti pensent plus aux postes gouvernementaux ou administratifs qu'ils veulent occuper qu'aux contenus des politiques à mener et aux respects scrupuleux des frontières doctrinaires.

Quand ils sont prêts à tout, même à des compromis qu'ils expliquent par des faux-fuyant, les cadres des partis minimisent souvent la sincérité et le dévouement des militants de base alors que ces derniers sont les véritables moteurs des victoires, ce sont eux qui défendent les partis et leur image sur le terrain. Le débat libre dans des cellules ou des sections perd graduellement son élan, sa vigueur et sa franchise au fur et à mesure qu'on grimpe vers le sommet du parti. Les militants prennent tous les coups dans les quartiers, les arrondissements et les villages. Leur force la plus sûre qui viendrait de la bonne prestation de leurs cadres promus aux responsabilités d'Etat, de la réalisation des idées du parti et du respect scrupuleux de sa ligne, est assommée par des intrigues et des manipulations. Le pari le plus louable pour un parti politique sérieux, ne serait-il pas de parvenir en tout état de cause et en toute situation à relayer les messages, les alarmes ou les exigences de sa propre base et des populations ?

Le sommet n'a pas toujours raison, il doit cesser de prendre en otage les bases des partis politiques, si on veut d'une saine et véritable dynamique démocratique en Afrique.

L'ARGENT ET LES ELECTIONS

Affamez le peuple, il ne demandera plus que de la nourriture

Comment préparer les élections de sorte que les électeurs ne regardent que de l'argent et jamais autre chose ? La réponse est simple. Affamez une population et privez-la d'une saine éducation, elle ne trouvera plus d'intérêt que pour le sac de riz ou de maïs, le carton de poulets ou de poissons. Elle n'aura d'yeux que pour les billets de banque, qui, mieux que les idées, garantissent immédiatement la subsistance.

La faim avec sa pression physiologique, retient, plus que tous les autres besoins de survie, les populations vers le bas, accentuent le désintérêt pour des efforts trop pénibles d'élévation ou d'intellectualité. La raison finit par être trop luxueuse devant la crainte de ne pas mourir de faim, de ne pas dormir dehors, de ne pas avoir de quoi se vêtir. Tout ce que l'on a tendance à demander dans ces conditions est de s'évader à travers l'alcool, de fuir la dure réalité pour des scénarios de facilité, de gratuité, où les efforts et les prix sont relégués à l'arrière-plan.

Quoi de plus simple pour ceux qui affament les populations que de parier sur leur abstinence à ramasser les grains de maïs , les cuisses de poulets, les maillots de corps, les cannettes de bière et les autres supports de campagne. Un tien valant mieux que deux demain tu l'auras, dit un vieil adage. Tel est le drame de la démocratie africaine qui signifie dans certains pays, la possibilité pour les pauvres d'arracher de certains riches un peu d'attention et de générosité pour des besoins électoraux.

A propos des ressources financières

Les ressources financières des candidats aux différentes élections sont généralement disproportionnées et faussent la quintessence même du jeu démocratique. On fait semblant de ne pas trop s'y attarder afin de préserver une inégalité qui profite de fait à ceux qui sont au pouvoir et qui tiennent sous leur commandement le trésor public, les marchés et contrats des Etats. Confondant les trésors de l'Etat aux leurs propres, les candidats au pouvoir ou liés au pouvoir, bénéficient des moyens importants de campagne. Des moyens quelquefois illimités tant les ressources de l'Etat peuvent être sollicitées de plusieurs manières.

Les candidats non au pouvoir sont obligés de se contenter de leur fortune ou infortune personnelle, hormis certains financements de saupoudrage que programment quelques Etats. Ceux qui se risquent à la bataille avec un peu plus d'audace et d'assurance sont ceux qui ont côtoyé les pouvoirs, s'en sont servi ou ont établi des réseaux dans les finances nationales ou encore dans des secteurs privés accrochés aux marchés et contrats des Etats, pas toujours innocemment. Les financements de sources privées sont rares et se mobilisent plus facilement sur la base des défis géopolitiques ou quand la conquête du pouvoir est objectivement à deux doigts d'aboutir. Le financement visionnaire ou doctrinaire en considération des projets de société ou des plans de développement locaux est quasi inexistant.

Les espaces publicitaires dans la presse, les temps d'antenne, favorisent de fait le camp du pouvoir. La source de l'argent qui permet de conquérir le pouvoir n'est souvent pas contrôlée. Les centres de pouvoir sont libres de déverser des billets de banque pour leurs candidats de prédilection. Les dépenses des candidats ne sont pas plafonnées. Elles ne sont ni surveillées ni comptabilisées. Bénéficier d'une réputation d'honnêteté, est loin d'être un atout dans un tel environnement.

Il a fini par ne plus paraître inquiétant de voir lors de certaines élections des candidats dépenser des sommes d'argent astronomiques pour des campagnes électorales qui ne durent que le temps du folklore de séduction et qui dans la plupart des cas ne changent en rien la situation des électeurs.

Des idées sans moyens

Les idées ont souvent un rôle d'arrière-plan dans les élections africaines. Que peuvent-elles quand on a pas les moyens de passer à la radio ou à la télé, d'acheter des espaces publicitaires dans la presse, de se déplacer sur toute l'étendue d'une circonscription électorale pour les propager et de faire mouvoir son entourage et ses lieutenants, de confectionner des affiches, d'entretenir des bureaux de campagnes ?

Jusqu'où peuvent aller les bénévoles et les bonnes idées abandonnés à eux-mêmes. Combien de candidats potentiels ayant de bonnes idées auront les moyens de recueillir des sommes d'argent nécessaires à la diffusion des idées ?

La vente des voix électorales

Au casino, le dépouillé finit par miser sur ce qui lui reste d'essentiel, à certaines des élections d'Afrique, les affamés finissent par vendre aux plus offrants ce qu'ils ont d'essentiel sur des marchés électoraux. Des campagnes électorales sont effectivement devenues des marchés à proprement parler. Les électeurs sont mis en état de vendre leurs voix, les candidats, quant à eux, en condition de les acheter. Cela se passe en campagnes dites électorales avec des thèmes d'occasion et des arguments dignes d'une prestidigitation politicienne.

Cette bataille de riches quelquefois pauvre en idées et en grandeur peut facilement terminer par des injures et des attaques personnelles. Tous les coups sont permis comme dans tous les autres lieux de vente populaire.

Les partis et les hommes politiques africains devraient ressentir la honte d'acheter des élections, de transformer les campagnes électorales en des occasions de distribution compétitive d'argent et d'autres facilités. Quelle honte pour le continent et ses politiques que de donner une telle image de leurs pays et de leurs peuples! Le ridicule en politique africaine ne tue certes pas, mais il traduit la valeur à accorder à certains hommes politiques. L'argent n'est pas l'ennemi de la démocratie. Il ne doit pas non plus en devenir le critère essentiel. Nul n'a le droit de fausser un jeu qui pourrait permettre au peuple de choisir ceux qui peuvent réellement assumer la charge de présider à son destin. Il s'agit d'une question de destin. Quoi de plus grave que de traiter au ridicule le destin d'un peuple!

L'argent seulement l'argent ne doit ni conduire à toutes les victoires ni en faire accepter les plus sales. Il ne doit pas permettre de renvoyer aux calendres grecques les idées, les valeurs, le bon sens et l'éthique.

On a vu et on voit des candidats prendre en charge l'exécution d'un projet d'intérêt collectif dans le cadre de leur campagne et menacer d'y renoncer en cours d'exécution au cas où ils ne seraient pas élus. Comme s'ils devaient être choisis non pas pour leur compétence mais pour un simulacre de générosité. Certains producteurs, fournisseurs ou distributeurs menacent des électeurs de rupture de stocks vitaux. D'autres hommes d'affaires spéculent et financent des candidats pour le soutien inconditionnel de leurs causes qui dépendraient des votes aux parlements ou aux conseils locaux. Ainsi des élus législatifs et locaux recourent à n'importe quel argent en y échangeant le sens de leur vote institutionnel. Ils acceptent volontiers de perdre leurs marges de manœuvre comme si le seul fait d'être élu était une fin en soi. Il suffit d'être riche en Afrique pour vider certaines élections de tout leur sens.

L'argent ne devrait pourtant pas permettre d'acheter des élections. Des efforts doivent être fournis pour relever le niveau d'éducation des citoyens et les prédisposer à des choix fondés. On ne peut ignorer l'importance de l'argent en politique, mais on doit se poser la question de savoir si l'investissement à coup de millions ou de milliards dans des campagnes électorales n'a pas pour objectif d'entretenir ou de maintenir la pauvreté, d'accentuer la dépendance, d'encourager tragiquement la facilité et de faire crever les yeux sur d'autres aspects comme la compétence, le sens de responsabilité et l'exigence de résultats. Il est impérieux de faire de la démocratie en Afrique un facteur de progrès en éduquant les populations, en luttant contre la corruption et les fraudes électorales, en plafonnant les dépenses de campagne, en les surveillant, en les contrôlant et en faisant participer les électeurs à l'évaluation des résultats des politiques publiques.

Même l'argent sale peut être de la partie

La manière de réunir les fonds nécessaires aux élections et d'effectuer les dépenses doit être connue et les comptes de campagnes tenus puis divulgués pour que les électeurs sachent pour qui ils votent et dans quelles conditions. L'aptitude à représenter convenablement le peuple dépend aussi de la marge d'autonomie que l'on peut garder en disputant le suffrage universel, de la capacité à ne pas se comporter comme "un acheté qui vient à son tour acheter les autres".

Si l'argent peut faire tout obtenir, pourquoi un président de la République ou un député perdrait-il son temps à travailler pour un peuple qui n'aura pas à décider de son sort, un peuple qui, parce que affamé, ne pourra le sanctionner qu'il fasse bien ou mal ? Il lui suffit d'avoir de l'argent pour se faire réélire sans tenir forcément à ses promesses ni s'expliquer sur les plus folles d'entre elles ou celles qui sont clairement hors de portée pour un président ou un député. En cas de déconvenue, d'échec ou de revirement, la loi du silence sera de toutes les façons appliquée. L'éventualité d'un véritable procès démocratique étant difficilement à l'ordre du jour des campagnes électorales. Il n'est pas étonnant de constater que la ruse, la force et les billets de banque soient les seuls régulateurs du prétendu jeu démocratique. Les aspirations des électeurs impuissants seront enregistrées pour la bonne forme puis classées sans suite certaine. Où se plaindront-ils ? Auprès des justices de convenance au service des pouvoirs ou des institutions internationales en butte avec le sacro-saint principe de la non-ingérence dans les affaires intérieures ? La machine de l'aliénation des facultés de choix des peuples n'est pas facile à arrêter. Il existe tous les arguments politiques et juridiques possibles pour justifier l'injustifiable et pour faire croire à l'incroyable.

Pour battre campagne, certains candidats recourent aux détournements, à l'argent de la corruption, aux rentes politiques de sources diverses. D'autres candidats, ayant modestement fait fortune à la régulière soit au cours de brillantes carrières dans des institutions nationales ou internationales, dans des entreprises ou les affaires, se voient obligés de faire face aux criminels financiers de tout acabit: auteurs de détournement de fonds, corrompus ou pillards impunis des richesses nationales, etc. Quel est à ce moment-là le sens d'une élection ? Quel exemple donne-t-on au jeune qui aspirerait à faire de la politique en laissant aux malhonnêtes les plus cumulards la liberté et l'injuste capacité de battre campagne avec une forte longueur d'avance financière sur ceux qui devraient se contenter de modestes fortunes amassées à la sueur du front ou au prix du respect des normes, des règles et des lois ? Après avoir au préalable appauvri les populations et éviter de leur donner une bonne éducation afin de leur faire accepter n'importe quoi, certains hommes politiques viennent leur jeter de l'argent comme on jetterait des grains de maïs aux oiseaux de la basse cour ? L'essentiel étant de substituer aux véritables élections un électoralisme qui n'aille pas formellement en porte à faux avec le formalisme inévitable des observateurs internationaux qui se déplacent pour apporter la caution tant convoitée. De telles manœuvres qui se terminent par une sorte de mécanique de bonne forme prennent à défaut l'éthique et la possibilité d'un vrai arbitrage.

Quel sera le rapport d'obligation et d'exigence entre ce genre d'élus et les peuples affamés et dépourvus d'éducation émancipatrice ? Un député qui ne doit pas son élection aux électeurs de sa circonscription ou un maire qui n'a pas vraiment été choisi, sentira difficilement le poids de sa responsabilité comme une pression des électeurs. Il aura tendance à veiller à la reproduction des mécanismes qui l'ont fait élire tant bien que mal. Mécanismes qui seront à la merci des manœuvriers. Il est aléatoire de miser sur le ressaisissement des mal élus. Produits exclusifs du sommet, ils seront moins craintifs de la base. Certains finiront par être des ennemis de la volonté de rétablissement d'un ordre qui ne peut se faire que contre leurs pratiques de prédilection et donc contre leur «chance». Négligeable sera le nombre de ceux qui, contraints de mettre la main dans la boue pour ne pas se faire disqualifier, souhaiteront le rétablissement d'un ordre qui garantisse la vérité non truquée des urnes.

Qui a intérêt à la limitation des dépenses de campagne ?

Qui a intérêt à la limitation des dépenses de campagne et à leur financement public ? En tout cas pas ceux qui ont la main mise sur les trésors publics. Or c'est à eux de décider. Ne serait-ce pas une utopie de croire que ceux qui veulent conserver le pouvoir pour garder la main mise sur le trésor public initient des lois contre eux-mêmes, renoncent aux enchères électorales qui conditionnent leur survie politique ? Ne peuvent demander la limitation des dépenses de campagne que ceux dont les budgets de campagne sont limités et qui ont intérêt à ce que les compétitions soient équitables.

Pour ceux qui croient avoir des voix à vendre, la logique du plafonnement des dépenses de campagnes réduirait la valeur vénale de leurs voix. Les marchés électoraux ne seraient plus attrayants. Il est judicieux de faire peser sur tous les candidats des contraintes qui donneraient un caractère loyal aux compétitions électorales si on veut que la qualité soit au rendez-vous. Ne pouvant l'attendre de certains tenants des pouvoirs, on demanderait aux électeurs de sortir du cercle vicieux qui consiste à voter parce qu'on a faim sans créer les conditions de ne plus avoir faim.

Qui a intérêt à la limitation des dépenses de campagne ?

Qui a intérêt à la limitation des dépenses de campagne et à leur financement public ? En tout cas pas ceux qui ont la main mise sur les [illegible]

[illegible]

LES COÛTS DES PROGRAMMES ET DES DECISIONS

La vérification et le contrôle des performances

Il est courant de suivre à la télé, l'annonce par un gouvernement de la part croissante des ressources nationales consacrées aux dépenses publiques, mais il est par contre difficile, pour ne pas dire rare, de voir annoncé des mesures pour vérifier l'efficience des décisions publiques et l'efficacité des dépenses effectuées en rapport avec les résultats attendus.

La performance des éléments de dépenses n'est ni évaluée ni contrôlée. Sans vérifier s'ils dépensent bien ou mal, s'ils perdent de l'argent ou pas, s'ils se trompent sur les valeurs d'usage et d'échange des biens et des services, les Etats s'empressent avec une facilité déconcertante de dire qu'ils n'ont pas de moyens, évitant de s'attarder sur la meilleure utilisation du peu dont ils peuvent disposer et sur ce qui est à faire avec. Quels sont ces citoyens qui n'aimeraient pas savoir ce qui peut être fait à partir de tel ou tel autre niveau de recettes, quand et comment ou encore qu'est ce qui manque pour faire quoi qui coûte combien ?

Le député pour qui on a voté vote quoi ?

Quand on a voté pour un député, quoi de plus normal que de savoir ce qu'il va voter comme dépenses, ce qu'il va soutenir comme politiques ou décisions publiques.

Que représentent ces dépenses dans la vie de l'électeur ? Les citoyens ne sont pas trop illettrés pour comprendre le calcul qui implique la quantification des résultats directs et indirects d'une décision. Il est possible et même nécessaire d'en établir des bilans.

La transparence qui donne du sens à une démocratie est aussi le fait d'être informé sur le coût des décisions et la prise en compte de certaines valeurs dans les processus de décision. Il faudrait bien que l'opinion se rende compte des conséquences financières et sociales d'un barrage routier d'une ou deux heures pour le passage sans heurts d'un cortège présidentiel, la consignation des vendeurs ou des travailleurs pour l'accueil d'un chef d'Etat, la multiplication des journées chômées et payées pour un seul exercice comptable, le cumul des affaires judiciaires non traitées malgré les mesures arbitrairement suspensives des libertés, les bévues et les bavures de la police et des armées, la faiblesse des politiques de prévention face aux endémies et épidémies, le favoritisme dans le choix des dirigeants, etc. Autant d'actes qui soustraient des travailleurs du processus de production de la croissance et de la jouissance de la paix. Un barrage routier de trop pour une cérémonie officielle, une journée chômée et payée de trop, la consignation des travailleurs et des marchands, etc. peuvent coûter aux administrations, aux entreprises et aux usagers qui sont sur le périmètre concerné ou dans le champ de la consignation, de sérieux manques à gagner et même des vies humaines en cas d'urgence médicale signalée dans la zone quadrillée. Il faut bien prouver que dans tous les cas, cela en vaut la peine plutôt que de garder le silence comme si on avait affaire à ceux qui ne méritent même pas de savoir le pourquoi de chacune des mesures qui les concernent.

Les programmes n'ont-ils pas de coûts en Afrique ?

Les Africains sont-ils si irrationnels pour qu'on leur dise voici ce que coûte le programme de tel ou tel candidat aux présidentielles ou aux locales ? Hormis les candidats aux élections, il y a les véritables gagnants ou perdants parmi les peuples. Ce sont les consommateurs, les producteurs, les travailleurs, les chômeurs, les sans emplois, etc. Il est important d'en avoir la détermination, de fixer des cadres et des domaines d'appréciation d'ordre économique, social, culturel, relationnel ou autre.

Les effets des programmes doivent être connus pour qu'on en mesure la pertinence au niveau local comme national. La politique gagnerait en crédibilité si elle intégrait la nécessité de chiffrer les informations sur les actions publiques et de les comparer. De telles informations seraient simplifiées pour qu'à tous les niveaux, le citoyen fasse une bonne lecture des enjeux.

Comment prétendre vouloir conquérir le pouvoir pour le peuple sans lui permettre d'apprécier les conséquences prévisibles ou la teneur des éventuels effets de cette prise de pouvoir sur l'intégration de tous aux processus de la croissance et de redistribution de ses fruits ? Il est indispensable à des gouvernés, opérateurs des choix, de faire systématiquement une lecture et une évaluation de la volonté et de la capacité des gouvernants à généraliser la jouissance des droits fondamentaux, à rendre vivables les régimes des prix des biens et des services, à «prioriser» la satisfaction des intérêts généraux, la préservation des intérêts des générations futures dans l'exploitation des ressources naturelles, etc.

Compromis de détermination des valeurs

Tout régime a tendance, dans la qualité et la manière de décider, à donner une idée sur la valeur de la vie humaine, de la santé, de la culture, d'un site touristique, d'un environnement, d'un monument, etc. C'est de cette idée qu'il faut débattre lorsqu'il s'agit de soutenir un candidat. Il est nécessaire de trouver un compromis dans la détermination de ces valeurs. On ne peut laisser ce champ définitionnel au hasard du caractère, de l'état d'âme et d'humeur d'un candidat. Dès lors que la comptabilité nationale arrive à ménager une compatibilité avec ses termes, le politique n'a plus de raison de s'échapper de cette nécessaire recherche de compromis politico-culturel dans la détermination des valeurs et l'appréciation des prestations politiques.

Une base d'arbitrage est nécessaire entre l'avoir de la collectivité et le bien-être de l'individu. Cela peut se faire dans la transparence de manière à doter l'Afrique d'un potentiel de culture politique qui tranche clairement d'avec la nouvelle barbarie politique caractérisée par l'unilatéralité de l'appréciation des politiques publiques.

LE VOTE EN QUESTION

Ou le président sortant gagne ou c'est la guerre

Quand un président en exercice cherche à se faire élire où à faire élire quelqu'un, il a généralement tous les atouts de son côté. Le trésor public, les médias, le monopole de la force légitime, les pouvoirs législatif et judiciaire. Il occupe le devant de la scène et interprète à sa guise la critique comme provocation, la contradiction comme inimitié, toutes manifestations politiques opposées comme troubles de l'ordre public. Il a le choix de la réaction de la puissance publique. Il peut user du trafic d'influence pour orienter le débat public et le respect de la loi uniquement où cela lui semble profitable.

Les opinions nationales, convaincues que la majorité des présidents africains n'organisent pas des élections pour les perdre, ne s'attendent qu'à deux choses: la victoire du président sortant où les menaces de guerre pour empêcher de force la victoire de l'adversaire non au pouvoir. Que fait-on à ce moment-là ?

Ne plus être des complices de votes inutiles

Quand le vote paraît comme l'unique moyen de s'exprimer politiquement, il y a lieu de l'utiliser au mieux. Mais quand au fond, il ne représente que le cautionnement d'une mascarade, y participer s'apparente à une complicité. On ne vote pas absolument pour faire passer un choix mais pour le dire, pour qu'on en tienne compte. Que l'on perde ou que l'on gagne est secondaire par rapport à la liberté de voter. Voter tout en sachant que, dans la réalité, on ne tiendra aucun compte de son vote est une complicité à la violation de sa propre liberté politique. Quand c'est le cas, l'abstention seule peut incarner la dignité. S'abstenir est un choix, une position, une opinion, un avis. Il peut être le moyen le plus sûr de faire remarquer son avis car il est possible d'avancer de faux chiffres sur le taux d'abstention mais impossible de le cacher.

La généralisation ne doit pas être prise pour une condition de l'abstention. On s'abstient pour soi d'abord, par rapport à sa conscience. Ce doit être le premier niveau de satisfaction. La généralisation n'est pas un critère du bien-fondé d'une abstention, elle s'aggrave avec le temps si rien n'est entrepris pour rétablir la vérité démocratique. Elle est la conséquence même du paroxysme des abus et le résultat d'une prise de conscience. Souvent c'est le fait de passer à côté des raisons pour lesquelles on vote qui finit par confirmer l'inutilité de certains votes et amplifier les abstentions.

Que changera ton vote ?

Que changera ton vote ?
S'il ne changera rien,
Alors pourquoi tu votes ?
Et si tu ne votes pas
Qu'est-ce qui changera ?
Or tu peux changer quelque chose
En votant.
Quelles que soient les tricheries,
Si nous votons tous
Pour ceux qui sont
Capables de changer
Notre quotidien,
Notre cadre de vie,
Nous arriverons
Certainement à bout
Des trafiquants de vote.
Si nous ne le faisons pas maintenant,
Alors quand changerons-nous
Notre quotidien,
Notre cadre de vie ?
Si tu votes avec légèreté,
Alors qui viendra changer les choses
A la place de celui pour qui tu votes sans devoir le faire.
Jusqu'à quand voteras-tu pour ne rien changer ?
Pourquoi te plaindre après ?

En quoi voter peut changer les choses ?

Tu votes, oui, mais
Que se passe-t-il après ?
Quelles sont tes possibilités réelles d'influer sur l'élu ?
Et s'il ne se laissait pas influencer ?
Que feras-tu ?

Si tu fais le mauvais choix ?
Combien de temps attendras-tu
Pour refaire un autre choix.
Vaut-il la peine de perdre tout ce temps ?

POUR DES PRESIDENCES DIGNES

Pour être du côté de l'histoire

A quoi devra s'attacher un président efficace ?
Aux institutions, aux structures ou aux mouvements ?

Les mouvements sont importants
Sans eux les structures et les institutions perdent leur sens. Elles deviennent des rochers qui ne bougent pas
Des rochers qui font du surplace.

L'histoire ne fait jamais du surplace
Elle fait bouger
Et à la moindre résistance
Elle dépasse ceux qui ne veulent pas bouger.
Il faut s'attacher aux mouvements
Pour être du côté de l'histoire.

Le président a besoin d'autres yeux

Les grands présidents font grandir leurs points de vue
En y ajoutant ceux de diverses autres personnes.
Le président a besoin de voir
A travers les yeux de tout son peuple.
Il doit quelquefois mettre de côté ses yeux à lui,
Et porter les yeux du public,
Les yeux des usagers.
Les propres yeux du président ne sont que deux,
Ils ne peuvent voir partout.
Même avec milles yeux,
Il n'est pas évident de voir
Les conditions d'un peuple de plus d'un million de personnes.

La responsabilité d'Etat

Une responsabilité d'Etat n'est pas une récompense.
Elle ne doit jamais le devenir.
Car c'est la porte de l'histoire
Par laquelle entrent les grands présidents,
D'où sortent les aventuriers de présidents.

Les incompétents et les médiocres
Que peut-être l'on aime bien
Doivent s'écarter de cette porte.
On peut les nommer ailleurs
Avec tous les avantages
Qu'on veut leur donner
Pourvu qu'ils n'aient pas
A manier les commandes des Etats.
Il n'y a pas de moindres Etats
Quelque soit la taille d'un pays
Ou la portion qu'on donne à commander
Au nom de l'Etat.

Des conseillers ayant droit à l'audace de dire non

Et si tous les chefs d'Etat africains
Recrutaient des conseillers
Qui auraient le droit de leur dire
Que ça ne va pas
Sans qu'ils soient inquiétés pour leurs postes,
Des conseillers qui leur montreraient
Que la route suivie est mauvaise,
Qui leur diraient qu'il faut faire demi-tour
Ou prendre un virage plus rassurant,
Qu'il faut négocier
Pour l'intérêt du souverain primaire.

Et si tous les chefs d'Etats africains
Pouvaient nommer des conseillers
Qui seraient chargés de réduire les décalages
Entre les promesses électorales,
Les discours fêtards
Les autosatisfactions
Les bilans unilatéraux
Et la réalité sur le terrain.
Des conseillers qui établiraient
Des rapports de réalisations
Entre les rêves partagés
Et les attentes de leurs peuples.

S'ils pouvaient récompenser
Des conseillers qui leur disent
Voici le danger
Voilà les portes de sorties,
Des conseillers qui réussissent
A adapter les programmes à la réalité.

Voir la présidence partout

La force d'une présidence
C'est son omniprésence
On doit la voir partout
Dans les cabinets de tous les ministres
Dans toutes les administrations centrales.
On doit se dire que la présidence est proche
Des plus petits bureaux,
Où l'on commence à voir l'Etat.

Partout où est l'Etat
Même avec des faiblesses
Partout où devra être
L'œil de la présidence
L'ouie de la présidence
Le toucher de la présidence
Le goût de la présidence
L'attention de la présidence
La sensibilité de la présidence.

Le poids du président

Si tous les chefs pouvaient sentir le poids d'un président qui leur dit:

- vous n'avez pas une feuille de route fiable;
- vous n'avez pas de calendrier d'exécution de vos fonctions;
- vous ne faites pas suivre mes exigences et ne les fixez pas comme des objectifs;
- vous ne surveillez pas ce qui se passe sous vous;

- vous ne démontrez pas au peuple que j'ai eu raison de vous nommer;
- vous ne lui dites pas comment vous répondrez à ses attentes;
- Vous ne m'apportez rien de plus en dehors du fait de m'avoir fait élire;
- Alors je vous démets de vos fonctions.

Quand on a l'Etat

Quand on a l'Etat et le commandement;
L'Etat et la puissance publique;
Quand on a l'Etat et les ressources publiques;
Quand on a l'Etat et la capacité de surveillance;
Quand on a l'Etat et la faculté de sanction;
Quand on a l'Etat en tout et pour tout;
Quand on a le peuple et l'obéissance,
Pourquoi gouverner par des promesses ?
Pourquoi gouverner par des slogans ?
Pourquoi gouverner par des mots ?
Pourquoi ne pas gouverner
Au lieu de régner simplement.

On vous a tout donné mais…

On vous a prêté l'oreille
Vous demandez qu'on vous la donne.
On a cru en vous
Vous ne faites plus rien
Et demandez encore et toujours
Que nous ayons foi en vous,
Que nous croyions en vous,
Sans délai
Ni exigence.

Vous avez demandé nos voix
Nous vous les avons données.
Nous vous avons élu
Vous nous demandez encore du temps.

Que voulez-vous ?
Que tout soit illimité ?
Vous voulez alors:
Des mandats illimités;
Des pouvoirs illimités;
Des discours illimités;
De la compréhension illimitée;
Des trêves illimitées;
Du chômage illimité;
De la peur illimitée;
De l'insécurité illimitée ?
Où nous mènera
Cette culture de non limite ?

Que le président s'expose

Dites au président de s'exposer
Le Peuple le protégera.
S'il ne s'expose pas
Le peuple ne le protégera pas.

Dites-lui
Que s'exposer
Est le premier pas
Vers la protection.
Le deuxième pas
Est de bien s'exposer.
Cela veut dire
Etre au devant
Tout en étant le dernier à parler,
Etre face au public
Sans s'imposer
De toute sa réalité privée.

La confiance se mérite

La confiance se mérite
Ne la classez pas
Parmi les dons et legs.

N'en cherchez pas
Gratuitement.
N'en demandez pas
A partir de rien.
La confiance est une assurance
Qui a besoin du temps
Pour s'asseoir sur un fondement
Aussi constatable que démontrable.

A qui être fidèle ?

A qui est-on fidèle
Au pays ou au président ?
Au président certainement
Puis que le pays ne nomme pas;
Le pays ne récompense pas;
Le pays n'a pas d'autres cœurs
Que celui du président
Et de son entourage.

Pourtant quelque soit la durée de leurs règnes,
Les présidents passent
Mais les pays restent
Chacun avec une mémoire,
Chacun avec une histoire.

Les présidents passent
Avec leurs fidèles
Desquels parfois
Les pays ne retiennent rien.

Les présidents passent
Avec leurs fidèles
Qui souvent
Méritent de passer
Au tribunal de l'histoire.

LES GOUVERNES OU LES PEUPLES

Des peuples illettrés

Il n'y a jamais de peuples
Politiquement illettrés.
Tout peuple
Sait ce qu'il veut,
Il sait trouver les mots pour le dire,
Il sait trouver des lettres
Pour l'écrire,
Il n'a besoin
Ni de traducteurs
Ni d'interprètes
Pour comprendre ce qui lui arrive.
Il sait lire ses besoins
Il sait reconnaître son intérêt.

On n'alphabétise pas politiquement un peuple
Par de discours.
On ne lui donne pas des cours de politique.
On lui dit ce qu'il y a
On lui dit pourquoi
Il se passe ceci ou cela.
On doit lui donner
Ce qu'il attend
Où l'abandonner
Avec son appareil d'Etat
Avec ses affaires
Et aussi ses problèmes.

Des aumônes au peuple!

On ne gouverne pas un peuple
Avec des cadeaux,
Avec des aumônes
Ou de la pitié.
On gouverne un peuple
Avec des réponses
A ses exigences.

Il n'y a pas de peuples non exigeants
Il y a seulement qu'on lui refuse la parole
Pour l'empêcher
De s'exprimer
D'exiger
De revendiquer.

Au peuple
On redistribue la richesse nationale
Mais pas des aumônes.
Comment faire à un propriétaire
Des aumônes sur sa propre richesse.

Le paradoxe des peuples pauvres
Dans des pays
Potentiellement riches.

Le paradoxe des hauts fonctionnaires
Plus riches
Mieux logés
Mieux véhiculés
Que l'Etat lui-même.

Le paradoxe des hauts fonctionnaires
Plus riches
Mieux logés
Mieux véhiculés
Plus satisfaits
Que ceux de qui
Ils sont au service.

Ces paradoxes-là
Devront faire partie
Des vestiges d'un temps
Qui ne reviendra plus.

L'amour du peuple

On n'aime pas un peuple
Par des discours
Par des phrases
Loin de l'infime partie
De ses potentialités;
De sa richesse nationale.

On aime un Peuple
Par la signature,
Par les ouvrages,
Par la redistribution.

On aime un peuple
Par la sanction qui le protège
Contre ceux qui lui soutirent
Ses deniers et ses chances.

On aime un Peuple
En anticipant
Sur ses légitimes insatisfactions.
Faire est plus important que prétendre faire;
Se mettre à faire est plus consistant que devoir faire
Ou promettre de faire.

Aux peuples les sacrifices, aux chefs la jouissance

A écouter certains présidents
Leurs peuples sont si bien aimés
Qu'en fin de compte
Ils pleurent au lieu de rire
Ils grognent au lieu de s'éclater de joie
Ils se plaignent au lieu de se contenter
Ils sont trop impatients.

Ils prétendent aimer leurs peuples
En leur surchargeant de sacrifices,
En partageant avec eux

Difficultés et mauvais sorts
Mais jamais avantages, richesses et réjouissances.

Les chefs mal intentionnés

Les chefs mal intentionnés
Ne punissent jamais.
Ils ne répartissent pas
Les hommes et les actes
En camps positifs et négatifs.

Ils évitent de le faire
Pour que règne la confusion
Pour qu'on ne sache pas
Qui fait bien
Qui fait mal
Pour que leurs protégés et eux-mêmes
Jamais ne se retrouvent
Dans le mauvais camp.

La bonne intention ne supporte pas;
D'être entravée par les délits;
D'être entravée par des méfaits
Qui n'arrangent rien
Mais salissent en tout point un règne
Détruisent l'aiguillon de gouvernance.

La bonne intention réagit
Contre ce qui l'empêche de se mouvoir;
Elle sanctionne pour avoir libre cours.

Sanctionner

On ne sanctionne pas parce qu'il faut sanctionner;
On ne sanctionne pas pour faire plaisir;
On ne sanctionne pas pour annoncer ou informer;
On ne sanctionne pas par effet de mode;
On sanctionne pour rectifier le tirou stimuler;
On sanctionne pour corrigerou encourager;

On sanctionne pour ne pas mal continuer
On sanctionne pour rompre
D’avec ce qui ne va pas.
On sanctionne pour renouer
Avec celui qui a fait
Ou fait encore ses preuves.

LES DEPUTATIONS

Le député

Le député n'est pas un symbole;
Il n'est pas un totem;
Son élection n'est pas un rite traditionnel.

Le député, c'est celui
Qui représente tes intérêts;
Intérêts véritables
Comme les besoins de routes;
De techniques, de semences, d'alevins, de pépinières,
D'écoles, de dispensaires, de médicaments,
De points d'eau, de fourniture d'électricité.
Le député représente tes intérêts
En discutant pour toi
Auprès du gouvernement.
Il veille à ce que l'Etat ne t'oublie pas
En prévention
Et en action.

Le député n'est pas l'Etat.
Il ne peut disposer des moyens
Dont dispose l'Etat.
Il ne peut faire comme fait l'Etat.
Si vous exigez aux candidats députés
De faire ce que seul peut faire l'Etat,
Vous condamnerez la plupart d'entres eux
A tricher,
A voler,
Pour faire ce qu'ils ne peuvent faire
De leurs moyens personnels;
Vous aurez des riches comme candidats;
Vous aurez des riches comme élus
Qui estimeront n'être élus que pour leur argent
Qui n'auront plus besoin
De donner le meilleur d'eux-mêmes
Pour se faire réélire;
Qui ne se préoccuperont plus
De produire de meilleurs résultats

Pour se faire réélire;
Qui ne compteront
Que sur leurs richesses personnelles
Comme si c'était tout ce qui vous intéresserait
Comme s'ils pouvaient faire avec leurs richesses
Ce que seul un Etat peut faire
Pour un développement durable.

Pour défendre tes intérêts

Tu n'as pas besoin d'un parent
Pour défendre les intérêts
Que tu partages avec tes compatriotes.
Tu n'as pas besoin de quelqu'un de ta tribu
Pour défendre les intérêts
Que tu partages avec tes voisins
Tu as besoin de quelqu'un d'honnête
De quelqu'un de responsable
Qui ne se prend pas
Pour un ayant droit;
Qui ne t'utilise pas
Comme un marchepied;
Qui ne t'utilise pas
Comme un faire-valoir.

Tu es d'une tribu,
Mais tu n'appartiens pas à ta tribu,
Tu ne dois rien
A qui que ce soit
Pour être ressortissant d'une tribu.
Tu n'as pas choisi
D'être de ta tribu
Alors n'en conditionne pas
Tous tes autres choix.

Que vaudront
Les intérêts de ta tribu
Même bien défendus

Dans un pays qui dans l'ensemble
Va mal et se porte mal,
Dans un pays qui dans l'ensemble
Stagne
Fait du surplace
Se déconstruit
Ou se détruit.

Les solutions à tes problèmes
Peuvent provenir d'autres quartiers;
Peuvent provenir d'autres régions;
Peuvent provenir d'autres villages.

Ton intérêt
C'est aussi la route
D'un autre quartier
D'un autre village
Cette route
Par laquelle
Tu es obligé de passer
Pour atteindre ton bureau
Pour atteindre ton village
C'est aussi les richesses
Des autres régions
Sans lesquelles ta région ne serait rien.

Alors pour tous ces intérêts
Le candidat indiqué
N'est pas toujours
L'homme de ta tribu.
Tu as besoin d'un bon candidat
D'où qu'il vienne.
Tu as besoin d'un politique
Qui ait une politique.
Tu as besoin de ce que
Tes problèmes soient connus
Au plus haut niveau;
Qu'ils trouvent des solutions
Qui arrangent tout le monde.

Le choix du député

Choisir un député,
C'est choisir un projet
Pour ton village,
Pour ton quartier,
Pour ta ville.

Choisir quelqu'un pour rien;
C'est voter pour rien.

Choisir quelqu'un parce qu'on a faim
C'est voter pour le ventre
Et non pour le quartier,
Et non pour le village,
Et non pour la ville
Et non pour le pays.

Choisir quelqu'un pour un T-shirt
C'est voter pour se couvrir un instant
En laissant en permanence nus,
Le quartier,
La ville,
Le pays.

Choisir quelqu'un pour une bouteille d'alcool
C'est voter pour s'évader en laissant intacts
Les problèmes du village,
Du quartier,
De la ville,
Du pays.

Si un candidat te donne

Si un candidat te donne
De l'argent pour voter
Prends cet argent
Certainement pas pour le jeter;
Tu t'en nourriras peut-être;

Ta maison se lèvera ou se meublera peut être;
Ta propriété s'agrandira peut être
Mais le village,
Le quartier
Ou la ville
Resteront tels qu'ils sont
Peut-être
Sales et mal construits.
Il te suffira
De franchir le portail
De ta sereine propriété
Pour mesurer l'inutilité de ton vote
Pour le village,
Pour le quartier,
Pour la ville.

L'état des routes,
L'état des écoles,
La santé publique,
Les difficultés d'avoir de l'eau,
Les problèmes d'électricité,
Te rattraperont.

Vous les rationnels

Nul n'est besoin de dire
Que vos compatriotes sont irrationnels.

Agissez, vous les rationnels,
Individualistes de première heure,
Organisez la modernité,
La productivité, l'accumulation,
Les irrationnels ne vous l'empêcheront pas.
Ne passez pas du temps
A qualifier
A disqualifier.
Agissez!
Ils suivront.

C'EST QUOI LA POLITIQUE, C'EST QUOI LES ELECTIONS

C'est quoi la politique ?

La politique,
Ce n'est pas prendre le pouvoir pour être au pouvoir.
La politique
C'est chercher des solutions;
C'est chercher à prendre les commandes
Pour diriger l'Etat
Vers la satisfaction de l'intérêt général.

La politique, c'est comment désenclaver l'arrière-pays;
Comment construire des ponts et des chaussées;
Comment construire des logements
Pour tous les non et mal logés;
Comment distribuer les chances de réussite à tous;
Comment redistribuer la richesse nationale;
Comment fournir de l'eau et l'électricité à tous et bien;
Comment créer les conditions
Pour la production des biens et des services
Pour la circulation des personnes et de leurs biens;
Pour l'émergence du pays;
Pour remporter la compétition inter-Etats.

Comment accepter
Ceux qui prétendent faire de la politique
Sans dire leurs solutions
Aux problèmes de tous
Sans parler des vrais problèmes
Et de la façon de les aborder.
Comment accepter
Que ceux qui n'ont peut-être pas de talents
Décident du sort de tous.
Comment accepter
Que ceux qui n'ont jamais pu
Même moyennement
Résoudre les problèmes des gens
Puissent demander
Des renouvellements de confiance
Aux postes électifs.

C'est quoi les élections ?

Les élections ne sont pas les choix des hommes
Ce sont les choix des idées.
Ce sont les choix
Des propositions,
Des solutions,
Qu'incarnent les candidats.

Les élections ne sont pas la guerre;
Ce sont des échanges
Avec les populations;
Il s'agit de les convaincre;
Il s'agit de les persuader;
Il s'agit de leur expliquer d'abord;
Pour leur démontrer ensuite;
Que l'on mérite leur suffrage.

C'est quoi le pouvoir ?

La politique des discours
La politique des promesses
La politique des slogans
La politique des cultes
De personnalités et de pouvoirs
Ne peut se faire si
Les citoyens la refusent;
Ne peut se faire si
Les citoyens exigent autre chose.

Il faut exiger
Des exécutions suivies,
Surveillées et évaluées.
Il faut exiger
Des réalisations mesurées,
Des réalisations comparées.
Il faut refuser
Des cultes de personnalité,
Des cultes de pouvoir.

Les grandes personnalités
N'ont pas besoin de culte
Pour mériter l'estime.
Elles n'ont besoin que
D'honnêteté,
D'humilité,
De rigueur,
D'impartialité.
Le pouvoir n'a pas besoin de culte.
Il a besoin d'être le pouvoir,
Le pouvoir de faire donner des emplois;
De faire trouver à manger;
De faire loger;
De faire bien vivre;
D'offrir un cadre de vie acceptable.

LA SOCIETE CIVILE

Faites ce qui reste à faire

Un expert venu de l'Occident
A voulu enseigner la notion de société civile
Aux Africains des quartiers et des villages.
Il a dit de la société civile
Que c'était ce lieu indépendant
Où librement, et en marge de l'Etat
Et du marché
S'exerce la vie sociale,
La vie de tous par tous.
Les Africains lui ont dit
Vous voulez parler
De ce que nous sommes déjà
L'expert répondit :
Si vous êtes déjà ce que vous devriez être
Alors faites ce qui vous reste à faire,
Agissez ensemble.

Le pouvoir associatif

Le pouvoir, le vrai
N'est pas dans la politique.
Le pouvoir, le vrai
N'est pas seulement
Dans l'Etat.

Le pouvoir, le vrai
Qui fait changer la vie,
Qui fait changer le cadre de vie,
Est dans la population
Qui occupe
Tous les espaces
Publics et privés.

Les populations africaines,
Dans la société civile,
Doivent s'organiser,
S'associer,

Se rassembler,
Dans le respect et l'équité
Afin de conquérir
Le pouvoir, le vrai,
Le pouvoir de changer leur vie,
Le pouvoir d'améliorer leur cadre de vie.
Le pouvoir d'assainir les quartiers,
Le pouvoir de lutter contre les moustiques,
Le pouvoir de s'entraider,
Le pouvoir de lutter contre la criminalité
Dans les quartiers
Dans les villages.
Le pouvoir d'aider
Les orphelins,
Les femmes enceintes,
Les pauvres,
Les sans-abris.

Pour donner de la chance à nos sociétés

Assumons notre désir populaire
De construire l'édifice communautaire;
Assumons la cause de nos quartiers
Regardons d'abord par là;
Encourageons
Ceux qui font réellement quelque chose
Pour le quartier,
Pour la ville,
Pour le village.
Ne demandons pas toujours aux autres.
Commençons par nous-même.
Améliorons-nous
Pour donner de la chance
A nos sociétés.

L'Afrique changera par la base

Rien qui est laissé à l'Etat
N'a réussi à changer l'Afrique.
Ce qui est repris
Par les populations
Réussira peut être
A changer l'Afrique.

L'Afrique changera par la base.
Par les activités qui associent
Tous ceux qui connaissent le terrain,
Tous ceux qui y vivent.

L'Afrique changera
Par les initiatives privées,
Par les occupations utiles
Des jeunes encore valides
Des vieux plus que jamais engagés.

L'Afrique changera
Par des activités scolaires,
Suivies et évaluées,
Par des activités extrascolaires,
Par la prévention de la criminalité,
Dans les quartiers,
Les villes et les villages.
Par la défense de la morale et de l'éthique.

La providence ?

Qu'a fait l'Etat de son trop beau rôle ?
Il s'est désagrégé progressivement.
Il a suscité l'hostilité.
Il s'est amputé de l'un de se plus beaux attraits:
La providence.
L'Etat providence, dit-on est mort.
Il est mort parce que la providence
A été ce qu'elle ne pouvait continuer à être.

Et si nous étions nous-même la providence ?
L'Etat providence mourrait-il ?

Par la société civile

Par la société civile passera
Le chemin de la reconstruction sociale.
Les familles,
Les églises,
Les écoles,
La rue,
L'Etat.
Tous peuvent faire
Chacun en ce qui le concerne
Soulager la détresse physique;
Soulager la détresse morale;
Apporter les habits, les médicaments, le matériel.
Echanger les faveurs;
Echanger les apports.
Trouver des solutions contre la pauvreté.
Prévenir le sida,
En en parlant dans le quartier,
Prévenir la délinquance
En en discutant dans le quartier.

Laissez les localités se choisir des chefs

Quoi de plus normal
Dans une décentralisation
Que de laisser les quartiers
Se choisir des chefs
Que de laisser les villes
Se choisir des maires.
Si là aussi on estime
Devoir imposer des chefs,
Alors que reste-t-il aux populations ?

Quand les politiques ont choisi
A la place des populations

Ceux qui auraient fait l'affaire,
Ceux dont on a les preuves
Du bon sens et de dynamisme,
Que reste-t-il
A ceux qui sont sur le terrain,
Ceux qui vivent la réalité quotidienne.

A quoi servirait une décentralisation
Dont le choix des acteurs principaux
Ne serait décentralisé que sur papier ?

NON AUX GUERRES INUTILES

Après les guerres

Après les guerres ethniques
Aucune ethnie ne disparaît,
Aucune ne remporte vraiment la victoire.
Personne ne change d'ethnie.
La cohabitation ethnique
Est toujours inévitable.

Ce qui est frappant,
Douloureusement frappant
Est que
Ce pourquoi on s'est battu
Semble si fragile
Et si incertain
Qu'on se demande souvent
Pourquoi.
Pourquoi tant de pertes ?
Pourquoi tant de destructions ?
Pourquoi l'incrimination
De tant d'innocents ?
Puisque l'histoire n'est pas changeable.

Pourquoi un présent si horrible,
Contre un passé
Sur lequel
On ne peut plus rien.
Contre un passé
Qui ne demande que d'être accepté,
Malgré les contradictions.
Contre un passé
Qui aurait pu ne pas avoir besoin de feu
Pour se consumer.

C’est pour qui la guerre civile ?

La guerre civile,
C’est pour les citoyens.
Les hommes politiques
Et leurs enfants
Jamais ne meurent.
Leurs femmes jamais ne sont violées.
Ils partent tous
Pour l’Occident
Où les attendent
Leurs biens et leurs fortunes.
La guerre civile,
C’est pour les pauvres
Qui deviennent misérables.
C’est pour les faibles et les vulnérables
De tous les camps confondus.
C’est à eux de mourir,
C’est à eux de souffrir,
C’est à eux de tout perdre,
C’est à eux de contrer les murs
De l’autre côté desquels,
Il y a des prétendus vainqueurs,
Il y a des tables rondes
Pour se partager les privilèges de fin de conflits.

La guerre dont a besoin l’Afrique

La guerre dont a besoin l’Afrique
C’est contre la faim,
C’est contre la corruption,
C’est contre le pillage de ses richesses,
C’est contre les détournements.
Cette guerre-là
Ne sera pas gagnée
En s’en prenant aux blancs,
En accusant les colons.

Cette guerre-là
Ne sera pas gagnée
En tuant son pauvre voisin
Qui ne décide de rien,
Qui ne compte que pour la symbolisation
Sans impact réel sur son camp d'appartenance.

Ce pauvre voisin
Dont la mort ne changera rien
A la corruption,
A la faim,
Au pillage,
Aux détournements.
Qui ne sont pas des fléaux,
Mais le résultat
Des magouilles
Des exactions
Des tripotages
Des pillages.
Et qui en réalité
Profitent
A ceux qui nous font nous battre.

L'Afrique souffre de ses dirigeants

L'Afrique n'a pas mal des guerres.
L'Afrique n'a pas mal des Africains.
L'Afrique a mal de ses dirigeants,
Qui font de mauvaises guerres,
Contre l'évaluation;
Contre la transparence,
Contre l'esprit pionnier.
Contre le génie africain
Qui sommeille dans l'impuissance financière;
Alors que des milliards s'envolent
Dans des sommets sans résultats concrets.
Aux sommets où l'on sème des paroles en l'air
Pour récolter des conteneurs de vent.

Pourquoi poétiser des plaintes et des lamentations ?

Faut-il se maudire
Pour ne pas avoir eu
Des dirigeants capables
D'entrer dans l'histoire
Par la grande porte,
La porte de l'architecture,
La porte de la construction sociale,
La porte de la naissance industrielle et technologique.
Pourquoi nous émouvoir
Des décideurs incapables
De s'inscrire dans la durée.
Des décideurs
Qui n'auront réussi
A la fin de leurs pouvoirs
Qu'à dicter les conditions
Qui justifient leur disparition
Qui expliquent leur rejet
Du palmarès des grands bâtisseurs.

Pourquoi nous émouvoir
Puisque le luxe d'inscrire leurs noms
Dans le présent millénaire
N'est pas à la hauteur
De leur fastueux destin ?

Pourquoi pleurer ?
Pourquoi se plaindre ?
Pourquoi poétiser des plaintes et des lamentations.

Travaillons,
Associons-nous,
Regroupons-nous,
Agissons ensemble.
De la diaspora aux collectivités locales
Pour construire ce que nous pouvons construire;
Pour arranger ce que nous pouvons arranger;
Pour bâtir ce que nous pouvons bâtir

Sans rien attendre des appareils d'Etats
Pris en otage.

Associons-nous,
Regroupons-nous,
Agissons ensemble,
Refusons la complicité
Des guerres inutiles;
Des élections bidons.
Jetons les fusils.
Refusons de l'argent jeté pour un instant.
Exigeons d'apprendre à en chercher.
Pour un devenir en permanence moins pénible.

L'AFRIQUE A LA RECHERCHE DES PIONNIERS

Crise de pionniers

Certains Etats en Afrique manquent de pionniers aussi bien dans l'initiative privée que dans la vie publique, dans l'économie que dans la politique. Des pionniers qui donneraient l'exemple et le goût à tous ceux qui veulent faire de la politique par le social, l'économie… plutôt que par des intrigues et du faufilage dans les accessoires.

Etre pionnier n'est pas s'inscrire facilement dans une continuité qui n'a que le mérite d'exister, d'accompagner le temps qui passe sans le marquer ni lui donner une signification technologique, architecturale, etc.

Des pouvoirs qui se donnent des blanc-seing et qui ne s'exercent pas au rôle historique de répondre aux attentes des peuples ne peuvent pas être considérés comme des pionniers dans l'ordre rêvé des peuples africains qui, comme tous les peuples, ne seront jamais d'accord avec l'aliénation et la confiscation de leur capacité d'inventer un présent plus responsable pour un meilleur futur.

Le succès et la gloire

Les concours de circonstances de temps, de moyens et de lieux politiques peuvent déterminer un succès politique ou laisser croire à une compétence qui au contraire n'en est pas une. On peut être en vogue ou être responsable d'une politique en vogue et se confondre avec le succès au point de ne plus prendre en compte le temps et ses limites, de se croire immortel. Ce genre de succès souvent est surpris par l'effet rigoureux du temps. La mort finit toujours par l'achever sans la moindre résistance. Il est sans lendemain et n'accorde pas toujours la gloire escomptée. La gloire est en fait un couronnement. Elle découle d'une compétence avérée. Elle est propre à l'œuvre dans sa qualité intrinsèque. Elle n'est pas l'effet du temps ou de la mode. Elle résiste au temps et à la mode qui passent.

La gloire survit à la mort de son titulaire. Elle traverse des années et des siècles. Elle accompagne souvent la grandeur des hommes de qualité. La gloire n'est pas l'antinomie de la mode et de la vogue. Elle peut commencer par ces dernières à condition qu'elles en trouvent une solide fondation.

Table des matières

Quel militantisme pour une bonne démocratie ?

L'argent et les élections

Les coûts des programmes et des décisions

Le vote en question

Pour des présidences dignes

Les gouvernés ou les peuples

Les députations

C'est quoi la politique, c'est quoi les élections ?

La société civile

Non, aux guerres inutiles

L'Afrique à la recherche des pionniers

L'HARMATTAN, ITALIA
Via Degli Artisti 15 ; 10124 Torino

L'HARMATTAN HONGRIE
Könyvesbolt ; Kossuth L. u. 14-16
1053 Budapest

L'HARMATTAN BURKINA FASO
Rue 15.167 Route du Pô Patte d'oie
12 BP 226
Ouagadougou 12
(00226) 76 59 79 86

ESPACE L'HARMATTAN KINSHASA
Faculté des Sciences Sociales,
Politiques et Administratives
BP243, KIN XI ; Université de Kinshasa

L'HARMATTAN GUINÉE
Almamya Rue KA 028
En face du restaurant le cèdre
OKB agency BP 3470 Conakry
(00224) 60 20 85 08
harmattanguinee@yahoo.fr

L'HARMATTAN CÔTE D'IVOIRE
M. Etien N'dah Ahmon
Résidence Karl / cité des arts
Abidjan-Cocody 03 BP 1588 Abidjan 03
(00225) 05 77 87 31

L'HARMATTAN MAURITANIE
Espace El Kettab du livre francophone
N° 472 avenue Palais des Congrès
BP 316 Nouakchott
(00222) 63 25 980

L'HARMATTAN CAMEROUN
Immeuble Olympia face à la Camair
BP 11486 Yaoundé
(237) 458.67.00/976.61.66
harmattancam@yahoo.fr

590563 - Décembre 2014
Achevé d'imprimer par

1livre.com
du rêve à la réalité !